像我這樣的一個記者

房慧真的人物採訪與記者私語

獻給——楊汝椿

志於道

依於仁

代序一　第一件差事

二〇一一年初夏，年過三十五，我開始人生中的第一份正式工作，到《壹週刊》當記者。

在這之前，我是一個以讀書之名行遊蕩之實的萬年研究生，博士來到第六年，通過資格考，只差論文，就可以拿到學位。

二〇一一年六月一號，是我報到的第一天，這一天在我緊湊奔忙的記者生涯中，始終是個「例外狀態」。我猶然穿著學生時代的T恤牛仔褲，肩掛軟布包，腳踩涼鞋，踏進逃避了大半生的「辦公室」，分配到一張空蕩蕩的辦公桌，和一個有著三個抽屜的活動鐵櫃。我的桌面上除了一個電話機，一個分機號碼，此外就是一片空無。

我在桌上擺了兩本書，一本瑪格莉特．愛特伍的小說，一本寫博士論文要用到的書。在大片的空白中，我不知該怎麼跋涉過「第一天」的荒漠？如何在陌生地置放我的手足無措。兩本書倚著隔板，無甚依靠，時不時要倒下來，我時常去把它們扶正。離職那天收拾桌子，它們被擠壓在裡面的裡面的裡面，不見天日許久，四年來，我一頁都沒有翻過，也早已放棄了博士學位。

永遠的一天，鐵櫃的第一層抽屜打開，還有「前任」沒帶走的一支錄音筆，兩個電池。把抽屜關起來，被主人遺落的物件，在空蕩蕩的鐵盒裡滾來滾去，喀啦喀啦地響。

過不了多久，工程師來幫我裝設電腦。電腦也是一片空白，除了一個未清空的資料夾，像是看到沼澤中一個新物種的源起生滅，最初怎麼煎熬，中途怎麼基因突變求生存，最後又怎麼落敗。最後一個檔案，是辭職信，稜角、熱情都被磨平，寫得平淡無火氣。

異常安靜的辦公室，同事之間不寒喧不打招呼，第一個招呼我的，是這位宛如幽靈的「前同事」，以她的離場，告訴我險路勿近。

「記者」從來不是我小時候寫作文題目「我的志願」會出現的選項，我的個性害羞，不敢跟陌生人攀談，記者生涯進入第六年，至今打電話採訪時，都要磨蹭蹉跎再三，才能鼓起勇氣撥電話。做夢也沒夢過自己的第一份差事，會是記者。

來當記者，起初只有一個很簡單的念頭，窮學生想要存點錢。除此之外，還有一個私心，當記者之前，我已經開始出書寫作，我這一輩的創作者，沒經歷過戰爭離散與饑饉，都很難免於「經驗匱乏」的蒼白，吃過的米鹽一本書就寫完了，如何延續創作生命？當記者是一個好選擇。不必像駱以軍一樣夜夜守在酒館釣出好故事，只要掏出一張某某記者的名片，就會有陌生人來到你的面前，渴求你的聆聽。

一邊保留博士學籍，一邊當起記者，如果被嚴酷的新聞圈生態淘汰，也還有學術的退路（事後證明，這完全是一廂情願）。新聞工作只是我聽故事的門票，只是暫時，大概撐半年就不錯了，不會永遠，當時，我是這麼想的。

《壹週刊》二〇〇一年打頭陣進入台灣，我初來乍到的二〇一一年，剛好是創刊十周年，艱難的美好的骯髒的泥濘的仗都已打過，雖然已過了一期可以賣掉三十萬本的全盛時期，但畢竟江山打下，腥羶色雖仍不能免，而查弊揭惡每每能引領風向。

十周年之際，搭上這艘船，本以為會一路平穩，卻無意間闖入了台灣媒體大亂鬥的激流中。二〇一一年，也是旺中集團對NCC（國家通訊傳播委員會）提出申請，要併購有線電視的中嘉系統業者。二〇一二年，蔡衍明接受《華盛頓郵報》專訪，說出「六四天安門事件沒有死那麼多人」，輿情一片譁然，害怕親中的旺中集團在收購中嘉後，會變成一個無法抗衡的媒體巨獸，變相箝制台灣的言論自由，「反媒體壟斷」運動的大門由此開啟。

台灣不大，旺中併購中嘉，對壹傳媒也有影響。內湖行愛路一四一巷內緊密相依的三棟大樓，分別是《蘋果日報》、《壹週刊》、《壹電視》，構築黎智英在台灣的媒體王國。二〇一〇年底開播的《壹電視》是黎智英砸下重金的新玩具，但在有線電視頻道遲遲無法上架，只能靠機上盒收看，虧損連連。《壹電視》無法上架，當時有個說法，是欲收購中嘉的旺中從中作梗，只因蔡衍明親中，黎智英反共，本就不是同路人。

二〇一二年十月初，《壹電視》終於不堪長久虧損，裁員五百多人，並且傳出要出售給年代集團的練台生。我記得，當時《壹週刊》的同事還鬆了一口氣，只因「一枯俱枯，一榮同榮。」大家都覺得同集團《壹電視》是個賠錢貨，趕快拍賣出清，像壞掉的盲腸趕緊割掉，別連累到還在賺錢的紙媒就好。

商場上的變化，從來不是小小職員可以預測，不過半個月，十月十五號，就傳出黎智英要將報紙、雜誌、電視打包一起賣出，求售的價碼高達一七五億，必須由中信辜仲諒、台塑王文淵，還有不知名的第三方新加坡私募基金，三方合資才吃得下。十一月，第三方的藏鏡人終於現身，是壹傳媒的死對頭蔡衍明，先前因為中嘉併購案，雙方分別用自家媒體公器砲打對方。峰迴路轉的結果，「旺旺咬蘋果」，讓飛天遁地、身懷絕技的孫悟空也無所逃遁。

我萬分慶幸，在這之前，我不曾訕笑過《中國時報》的記者，不曾譏諷他們為了一口飯要仰人鼻息，不曾總結以「平庸的邪惡」。那或許是一種哀愁的預感，在資本主義的金權遊戲裡，我們，其實都在同一艘船上，都要撞上巨大的冰山。

當時，我寫下一段感觸：

最近正好在看Zygmunt Bauman《流動的恐懼》，裡頭寫到電影《鐵達尼號》：

「《鐵達尼號》就是我們，我們必勝主義的、自我吹捧的、盲目的、虛偽的社會，對於貧窮之人冷血無情的社會——在其中，所有的事都被事先預料，唯獨預料之法不能事先得知……我們都猜測前方有座冰山在等著我們，就藏在迷霧籠罩的未來，我們會撞上那座冰山，然後伴著音樂沉沒……

那是甜美的音樂，舒緩卻又令人鼓舞。最流行的曲調，最傑出的演奏者。迴響的聲音震耳欲聾，閃爍的燈光幾乎致盲。音樂聲使得預言的輕語幾不可聞，也使得雄偉、巨大而沉默的冰山們無從得見。

是的，冰山們——不是一座冰山，而是很多，多到數不清：金融、核能、生態……」

旺旺咬蘋果，也是其中一座冰山。身為內部員工，我在意的不是「我們」有著多麼大被擺布扭曲操弄甚至欺騙的無力感。我在意的是在外面的「你們」，可曾能夠穿越歌舞昇平（SOGO周年慶、和朋友K歌歡聚、到哪裡吃了什麼好料）的假象，這些每天在大部分人臉書上演奏的靡靡之音，就像鐵達尼即將撞上冰山前的華麗音樂會，仙樂飄飄，及時行樂，冰山什麼的以後再說吧。

如果你素來討厭《蘋果》，討厭《壹週刊》，覺得把黎智英趕出台灣就好，賣給誰也無所謂，那也無妨，除了旺旺咬蘋果，你還可以睜眼瞧瞧其他的冰山：搖搖欲墜的核能安全、台灣大學聘請律師控告在紹興南村住了三十幾年的弱勢居民、勞委會聘請律師向一群六、七十歲的關廠工人追討三十年前原本以為是資遣費的貸款……

「是的，冰山們——不是一座冰山，而是很多，多到數不清……」，借用張愛玲的話，還有更大的毀壞要來，未來，未來，一直來。

怎麼能想到有一天，記者本身變成被報導的題材，二〇一二年七月底，我才剛採訪陳為廷，在旺旺走路工事件，他只是在臉書上轉貼一張照片，就被旺中集團威脅要提告。九月一號，我才與許多同業一起上街參加反媒體壟斷大遊行。怎麼到了十一月，媒體巨獸轉身，就要來吞噬掉我們。

二〇一二年年底，反媒體壟斷來到2.0版本，不只是反旺中垂直併購有線電視業者，還反過頭來收購同樣龐大的另一頭怪獸：壹傳媒旗下所有媒體。陳為廷、林飛帆等年輕人，在街頭吶喊、抗議，也來壹傳媒中庭守夜，被隔在玻璃帷幕後頭，在辦公室裡面對電腦冷藍幽光的「我們」，卻顯得異常冷漠，看到外面聲援的學生，還不時冷嘲幾句。創刊十年，大多數人的心，都冰封凍結了。

在商業獲利模式為先，高競爭的媒體壓力鍋中，沒有人有任何餘裕，云得出絲毫感受，不要說為了公義，而是為了與自身相關的併購案，皆冷感一如既往。或許「我們」覺得，不管是誰當老闆，只要該給的薪水照給，該有的福利沒少，在萬物皆可買賣的時代，換個招牌又何妨。

在風風火火的交易案中，壹傳媒一口氣成立四個工會（《蘋果日報》、《壹週刊》、《壹電視》、《爽報》）。到了二〇一二年底，年資一年半的菜鳥如我，沒想到就能參與創始工會，當上理監事。在工會裡，我認識了新聞界德高望重的前輩楊汝椿，同事都叫他「椿公」，卻因個性耿直，所以不獲重用。

如果沒加入工會且當上幹部，在冷漠的職場中，我想我和椿公就只是兩條不會交接的平行線。他是長期關注工運的老記者，在商業媒體中跑新聞分身乏術，心臟的支架接二連三地裝，他仍然不缺席各種抗爭的場合。我沒有看過比他的桌子更亂的辦公桌，也沒看過比他更忙碌的人，他有三隻手機，與我們開會討論要與資方簽訂的編輯室公約時，他的手機總輪流不停地響，其中也許有他的線民，有他正在跑的新聞，還有他勞工、人權各種運動界的社運朋友，請他幫忙，他總一口答應下來，不管再忙再累。

我也總是記得，某個禮拜二夜晚，正熬著禮拜三就要出刊的封面故事，那是楊汝椿的調查報導，已經在編輯台上三校，卻臨時被抽換，再也沒刊登過。我聽到汝椿在盡頭處的社長辦公室咆嘯、拍桌大罵，而平時和煦如春風，善待每一個人的，也是他。屢屢辛苦做回來的新聞，卻不明不白地被河蟹，敗下陣來如喪家之犬，是他。這樣的他，激動、熱情、失望、頹喪、壓力、過勞、力不從心……，加上不離手的菸，接不完的電話，不休息的身體與意志，在二〇一三年底，汝椿因心肌梗塞離世。

我們的命運，風雨交加之中基層媒體工作者的命運，該如何被寫下？如何被刻在石板上以供後人記憶？時間倒轉半年，二〇一三年春天，「我們」這些冷漠的人，受惠於外頭吹風淋雨的抗議學生、民眾，壹傳媒併購案終於喊停，到了四月，黎智英按原定計畫，只出售《壹電視》，斷尾求生。繞了一大圈，仍舊由年代入主。

少了所謂的「中國因素」，中共代言人的髒手伸不進來，「我們」自由了嗎？看似如此，交易案終止後不久，我隨即飛往印度採訪達賴喇嘛，這是親中媒體的禁區，沒被巨獸吃掉的蘋果，似乎更加香甜多汁，新聞自主空間一如以往。

自由，也不自由。

當籠門打開，籠中鳥終於飛出去時，才發現腳上仍緊扣著腳環，載明出身血統，最重要的是：主人是誰？傍晚暈黃時分，聽到遠方的笛聲急急催促，下意識還是飛回籠子裡。

籠子裡，有吃有喝，有乾淨可窩身的巢。天大地大，只求一席之地。

二〇一三年，看似自由的信鴿，腳鐐一一戴上，那是碎片化的即時新聞，以及影像優先的動新聞。二〇一三下半年，《壹週刊》全力朝數位化轉型，相關的器材和人力卻沒到位，文字記者要身兼採訪、寫稿、寫動新聞腳本、寫場記表、配音、將完整的報導五馬分屍成好幾則即時新聞。攝影記者則身兼拍照、拍影片、收音，回來之後要剪接、上字幕、配樂，還有慣常的狗仔跟監行程。手機上網，平面媒體的獲利不如從前，於是人事凍結，遇缺不補，原本的過勞更雪上加霜。

我有時想，是不是工會裡的大砲兼攻擊手汝椿太早逝，又或許是每個人都在過度勞累耗損中再也無暇想到其他，又或者，媒體大環境益加險峻，此處不留爺，再無留爺處，就是為了那一口飯吧。我們任由現況惡化，我們尚且還服膺資本家的邏輯，即時新聞在則數和點閱率上都有分組競賽，發最多的組別，以及點閱率最高的組別，可以拿到不過五百一千的紅包，快馬加鞭全力衝刺，棍棒和紅蘿蔔都來。兵疲馬困，還要再想辦法搾出一點汁，催出更多血汗，輾壓出更多的剩餘價值。

我們徹底落敗，直到現在。

二〇一五年六月底，我離開《壹週刊》，結束第一件差事。我仍然選擇繼續當一個記者，答案或許就在，書中我曾經遭遇的這些人、那些事當中。

代序二　聶隱娘和她的師父

楊索幫我師父董成瑜作品《華麗的告解》寫的書序〈不是魔不成角兒〉，是篇妙文，現在，換我來談談我與「魔兒」師父交手的過程。

首先想到一個成語：「莞爾一笑」，最足以形容，魔兒怎麼把我像張摺紙，翻過來又摺回去。

那是在二〇一三年，我到北印度的達蘭薩拉採訪達賴喇嘛尊者，採訪過程狀況連連：同事水土不服、去程我們的車撞飛了一個印度人、採訪當晚我馬上發高燒……，更別談採訪本身的艱辛，以及人物議題之外我們還要帶旅遊題目回來，於是我一邊準備圖博人自焚資料，一邊搜尋德里美食，後者當然不是自己吃，而是做旅遊題目所用。

那時剛好發生西方女性旅客被強暴一事，魔兒不是沒人性，我在印度時，她信裡有叮嚀一下。但當我回到台灣，沒有補休，馬不停蹄地趕到辦公室，坐下來，開始痛苦地在壕溝裡爬行。在魔兒底下工作，這是最痛苦的一刻，所有字句的推進，都像防守，防守魔兒手上的利劍揮向你，文章被碎屍萬段、片甲不留。

我曾經在電腦前孵了一整天，只產出三、四百個字。魔兒讓我也長出了心魔，我腦裡想的全是要盡可能跨過最高的欄，初稿就要給出一百二十分的稿子，儘管這在魔兒眼裡應該只有八十分，但如果一開始給出去的是八十分，那就慘了，到魔兒那裡只剩六十分或是不及格。一旦讓魔兒發覺你「有點弱」，那麼就是永劫回歸、改稿地獄的開始。

達賴喇嘛的稿子，還好，只有小改。接下聖旨，我深深吐出一口氣的同時，瞥見魔用色塊標出的一句，我的皮又瞬間繃起來。我用來形容達賴喇嘛的一個神情，「莞爾一笑」的後面有個括弧：「請不要用『現成』的成語，請自己想一個新詞。」

在魔兒底下工作，有角度有深度還不夠，你還必須要天工開物、自創新詞。

我們和魔兒的關係，每次開會時的「隊形」最可說明，在偌大的一間會議室裡，魔兒坐在最前面，我們遠遠地群聚在她的對立面，她和我們之間還有許多空位，但大家心照不宣的是，儘可能坐得離她越遠越好。

你或許已經在腦海裡，想起穿著PRADA的惡魔，梅莉史翠普的形象。但不是的，魔不是那樣。魔如果微笑起來，還真有點桂綸鎂的影子，魔完全有清麗甜美的本錢，作為一個女性下屬，我從來不必擔心過度打扮會惹她妒忌，搶她丰采。

但魔兒總是一襲黑衣黑裙，冰霜冷臉，講話雖細聲細氣，但批評起稿子都藏了冰針在其中。一旦被叫進她的小房間，即使是她微微的挑眉，都足以讓我一陣觳悚。魔兒有句名言，不要跟同事做朋友，《壹週刊》人物組的標準動作就是，相鄰座位的兩人，戴著耳機，一年講不到幾句話，真有事要溝通，就丟幾句臉書私訊。

儘管就坐在旁邊而已，寧願傳訊息，不講話就是不講話。魔也是，她喜歡在她的小房間裡丟訊息過來，儘管她的辦公室離我的座位不到十步之遙。我沒和她當面激烈爭吵過，或許我很會壓抑，或許我無法忍受一張優雅雍容的臉變成美杜莎的樣子。四年裡我和她衝突最兇的一次，是我寫了一封很衝的信給她，我在座位上知道她回信了，我聽到她彷彿跟鍵盤有仇似地，猛力敲打著她的鍵盤，我知道我完蛋了，那是給我的回信。

如果魔真是一個高高端著官架子的主管，我也無法在她底下待這麼久。魔和她找進來的人，我們，其實是同一種人，套一句前同事萬金油的書名「不存在的人」。在一層近百人的大辦公室裡，魔並非走路有風，在「我們」以外的世界，她走路反而像小媳婦，頭低低的，避免和其他人目光直視，踩著小碎步快快地走，像一抹黑影子地閃到茶水間，再逃難似地趕緊躲進她的小房間，她安全的防空洞裡，巴不得自己是個隱形人。我聽攝影記者說過，有幾次在茶水間碰到她，跟她打招呼，她的臉頰會瞬間刷紅，那時候她不是《壹週刊》的副總編輯，又回到桂綸鎂，一個羞澀地，無能於人際關係的少女。

第一天上班，承接上一任離職同事的舊電腦，不知怎麼原本的資料沒洗掉，於是我看到一封寫給魔的離職信。還有同一篇稿子的一、二、三、四、五、六、七、八、九個版本，改稿的痕跡，血跡斑斑，而那只是六百字的小專欄「坦白講」。

第一天就是震撼教育，讓我知道，不瘋魔起來，你無法在魔的魔下存活下來。

剛去還是菜鳥時，我要去香港採訪作家西西和北島，兩個深度的人物專訪，兼及兩個人加起來起碼要八、九個人的側訪，魔只給我含出發歸返四天的出差時間。

四天，怎麼做到？我像隻小獅子，我的師父是隻母獅子，她只管把我叼到懸崖邊放下來，冷靜地對我說：「雖然是隻獅子，但你要學會飛。」

小獅子怎麼辦？小獅子其實不聽話，很叛逆。母獅子嚴厲、不合理的要求，小獅子不能哀求，一旦哀求，母獅子會更輕視你，來弄你。小獅子只能咬緊牙關，倔強地、硬氣地，把腰桿挺得直直地，比母獅子，我師父更瘋魔下去。

香港雨傘運動九二八當天，我比原本的出差計畫提前五天，在現場吃催淚彈。當時她回美國探親，打越洋電話過來，問我人在哪裡？我知道她要派我出差了，但我快她一步，我回答，我已經在金鐘現場，心裡有一絲快感。通完電話她還傳了簡訊過來，聽說今晚會有橡膠子彈，報導做不出來沒關係，退到後方，安全為上。這一次，她踩了煞車，只因為我更瘋魔。

她是S，我是M，我不曾在任何一段情愛關係裡，感受SM關係的極致，只除了和她。彷彿受虐也成了一種快感，痛並快樂著。

聶隱娘的師父要她殺，她偏偏不殺，違抗師命，背叛師門。有時候師父要我殺，我也不殺，寧願不把最精采的版本寫出來，暗中幫受訪者cover了不少。

因為懂得，所以不忍。

遊於藝

神隱，少女

二〇一一年十一月

西西

街對面，一個滿頭白髮的阿婆慢慢地走過來。這一帶是香港的舊區土瓜灣，沒有地鐵與火車，但有許多三、四層樓高，屋齡超過五十年，沒電梯的唐樓。年輕人都搬走了，路上常可見老人們聚在街坊搖扇閒磕牙。朝我走來的白髮阿婆，寬大褲腳下的一雙腳顯得格外地小，白襪外套著黑布搭扣娃娃鞋，像是一雙小女生的腳，路旁若有孩童在玩跳房子，阿婆或許會輕快地單腳蹦跳起來。

「『西』的字形，就是一個穿著裙子的小女孩，兩隻腳站在地上的四方格子裡。『西西』，就是兩個小女生在玩跳房子的意思。」迎面走來的阿婆，為我們說文解字她饒富童趣的筆名：西西。

七十三歲的香港作家西西，是華文世界的重量級作家，創作五十多年來，在港、台兩地擁有廣大的讀者。但她始終將自己隱藏得很好。在土瓜灣，她和一般的老人無異，沒有人認得出她來，會給她額外的禮遇。在台灣，有許許多多像我這樣的讀者，喜愛她的書，多年來卻不識廬山真面目，長期與她合作的出版人葉步榮說，「西西非常低調，很少接受採訪，也幾乎不參加公開活動。」

先前被拒絕了兩次，好不容易西西才答應接受採訪。我們約在土瓜灣的餐廳，是她熟悉的環境，但面對媒體她還是不習慣，像是被老師押著來交作業的小學生，不是很情願地，頭越來越低，聲音越來越小，和她作品中的活潑生動截然不同。聊到台灣的動物園，她才抬頭，眼裡閃現一絲好奇，說，「新竹有一家動物園，植物是配角，但每一棵樹都有牌子說明，好特別。」

今年七月的香港書展，西西獲頒年度作家，是多年以來她第一次出席公開活動。西西的休息室擠得水瀉不通，政府官員來了，很多要人都來了，搶著和她合影，書展明星還有林青霞，但大家都是為了白髮阿婆而來。西西的姪兒也來了，鎂光燈此起彼落，看見姑姑受到貴賓式的禮遇，好驚訝，他從來都沒看過姑姑的書，不知道是這麼重要的作家。

「家人從不會看我的書。以前我和母親、弟妹同住，家裡沒有隔間，擺了兩張上下舖的雙疊床，只用書櫃勉強隔著。除此之外，有一張飯桌，平時我在這裡寫，母親要打麻將時，我就會帶著折凳到廚房寫，旁邊就是垃圾桶。」

聽著麻將聲，伴著垃圾桶，矮凳上她寫著寫著，也寫出了三十多本書，散文、小說、詩、讀書筆記，魔幻寓言寫實白描……，她的風格多變，形式屢屢創新。一九八九年她罹患乳癌，接受放射性治療後有了後遺症，幾年後右手神經壞死，不能使力，她轉而用左手寫作，又出了三本書。另一方面，為了復健右手，她開始學習做娃娃屋，縫布偶，之後的寫作便和手工藝結合，陸續出版《我的喬治亞》、《縫熊志》與《猿猴志》。

這一次之所以答應出席領獎，是因為香港書展答應展出她做的毛熊和猿猴，能藉此呼籲保護環境、生態的重要。好友許迪鏘說，「創作方面的重要獎項，她幾乎從不去領。唯有因為做毛熊得了一個小獎，她會興高采烈地親自到場去領。」

年過半百以後，西西用失靈的右手，重拾家政，縫縫補補。但在讀中學時，她差點因為家政不及格而留級，「家政老師教我們做一條西裝褲子，材料要用厚一點的絨布，我沒有錢買，自然交不出來，老師就給我不及格。」

採訪間，西西都以流利的普通話應答，她雖是廣東人，但在上海出生，普通話、上海話、廣東話都會講。在上海讀到小學畢業，而後國共內戰，大陸淪陷，舉家南遷到香港，「我父親在擠得不得了的巴士上當查票員，回家時已筋疲力盡，制服都是濕透的。他一個人的薪水要養三代十口人，包括外祖父母和我們五個兄弟姐妹。即使是這樣，他還讓我去讀書。當時很多女孩子失學，都到工廠去當女工。」

從中學生到白髮蒼蒼的年紀，西西一直住在土瓜灣，在餐廳訪談到一個段落，她帶我們出去走走，走過叫賣著雞鴨蔬果的傳統攤檔；走過頹敗的老唐樓，「我原先也住唐樓，家裡很小，把原本種花的露台封起來，就變成我的房間」；走過車水馬龍的大馬路，「這裡以前整片都是田」；遇到包著頭巾，蓄著長鬚，裸著瑜伽精實上身的印度人、巴基斯坦人，「這一帶很多新移民，我也曾是移民。」

走著走著，西西帶我們來到她的母校協恩中學，是一所天主教的女子名校。西西考上了以後才發覺學費很貴，父親便去拜託校長，希望學費能減半，但到了每個月繳學費時，仍是西西的臉紅時刻，「每月一號繳學費，但父親是二號領薪水，我要三號才繳得出來，開口跟老師說要遲繳，心裡很煎熬，初、高中六年，每個月都要來一遭。」

貴族學校的制服外套，家裡買不起，「冬天沒有外套穿，我母親只好自己打毛線衣，讓我套在制服外，但那時香港的冬天蠻冷，總是要傷風。」同學的家境普遍不錯，沒有住在木屋、唐樓的，有坐在旁邊的勢利眼同學，由於她沒有錢買貴一點的英文課本，要與之共看，卻看盡臉色。「但也有對我不錯的，看了我在校刊上的文章，就主動來想結識我，我們通信，討論紀德的《窄門》。」

文學的世界為家境清寒的小女孩開了一扇窗，西西在她的自傳體小說中寫著：「同學美麗的筆盒、溫暖的校服、光亮的皮鞋，在書本的面前都變得不重要了，我祇覺得，書本裡有比筆盒更美麗的東西，而且，書本裡有一些感情，比厚厚的學校大衣還要暖。」

想進去看看，在協恩中學門口，我們卻被警衛擋下了。我對警衛說明西西是這裡的校友，且是香港非常重要的作家，警衛依然端出卡夫卡小說中的官僚撲克臉，要請示上級，提出申請……。被擋在母校門外，一向淡泊的西西依然是她常掛在嘴邊的口頭禪：「無所謂摟！」右手不能寫字，「無所謂摟，那就訓練左手。」罹患乳癌，在醫生建議下動手術割除一邊乳房，「後來才發覺公立醫院的診斷草率，沒有必要動這個手術」，做完手術後的西西體力大不如前，虛弱許多，許迪鏘說，「她很少負面的情緒，從不抱怨，也不試圖向醫院要求賠償。」

小女孩西西並不抱怨，為什麼家裡那麼窮，什麼也買不起，而同學家那麼有錢？她將眼光放得更低，「我們家住唐樓，還算好的。那時候更多人住在自己搭建的木屋裡，沒水電，也無衛生設施，容易失火，下雨時山泥傾瀉，便無家可歸。」

西西有一首詩〈熱水爐〉是這樣寫的：「媽媽問我／長大了／希望做什麼／我說／我想做／熱水爐……讓所有的小孩子／都有熱水／洗澡／所有的媽媽／有熱水洗衣服／我們還要／煮許多雞蛋／玉蜀黍／冰花白糖糕／每個人都有得吃。」

家裡的經濟情況無法負擔西西讀大學，中學畢業時，由於大批移民湧入，師資不足，正好碰到師範學院擴大招生，西西便考上了。畢業後分發到小學教書，但西西不到四十歲就退休，「後來的移民少了，使得我們這些當時大批招聘的教師過剩，政府讓我們選擇轉業或退休，我想有時間能寫作，於是選擇了提前退休。」

在五十五歲的正式退休年齡之前，西西每個月所領到的退休金，僅有港幣一千多元。於是有十五年的時間，在高物價的香港，西西每個月僅能以薄錢過活。父親因過勞而早逝，她長年和媽媽、妹妹們住在空間狹小窘迫的唐樓裡，許迪鏘說，「曾有一位台灣記者到西西家裡去，十分驚訝地說：『這樣的環境能住人嗎？』」母親過世後，西西現在和妹妹同住，仍住在土瓜灣，但已搬到有電梯的大樓，曾去過的編輯葉雲平說，「小小空間堆滿了東西，還是非常擁擠，連站的地方都快沒有。」

在資本主義高度發達的香港，要專職寫作不容易，西西說，「我的父母從不干涉我，給我很大的自由，讓我能盡情讀書寫作。母親也從來不會問我為什麼不結婚，尊重我的生活選擇。」在背後支持的，除了家人，還有一起創辦「素葉出版社」的一群朋友們。好友何福仁也搬來土瓜灣就近照顧她，幫沒有手機、不用電腦的西西聯絡出版大小事。葉步榮說，「有一次西西來找我，我和出版人隱地在一起，她竟不敢進來，五十幾歲的人還十分怕生，像小孩子一樣。她只有和素葉這群老友一起才顯得自在。」

西西的確怕生，但和她混熟了一點以後，就發覺她容易心軟。天色暗了，訪談還沒結束，何福仁怕她勞累，要喊她回去吃藥，她說「不累不累」，接著又拉著我到旁邊的長椅繼續聊。完全聊開以後，隔天，她把心愛的猴子玩偶帶到公園給我們拍照。大熱天裡，為了幫猴子找一個綠色樹叢的背景，動作遲緩的她繞走過大半個公園。

這一天她戴著一頂紅帽子，像宮崎駿卡通裡，始終充滿勇氣與好奇心的魔法少女。彷彿給她一支掃把，一匹飛氈，她就會隨時飛走，早上到荷蘭看娃娃屋，下午到赤道雨林看紅毛猩猩，睜大了眼睛，去看盡萬花筒般的大千世界。

後記

今年七十三歲的西西，和我父親同年。她寫出個人代表作《我城》的時候，恰恰是我出生的那一年。我聞到她身上的老人酸腐氣味，她帶出來的右手軟趴趴地，像另一隻不會動的布偶。但我怎麼覺得，她像是一個在路上偶遇，和我一起玩跳房子的小女孩，離開時，我竟有點依依不捨。

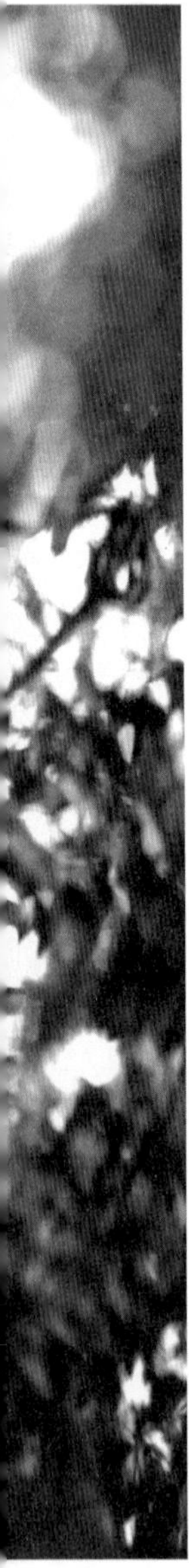

攝影 蔣煥民

孤星

二〇一一年十二月

葉德嫻

採訪前，電影公司請我們提前二十分鐘到，先挑選拍照場景，三選二，選定離手，不可反悔，剩下的還要留給下一個媒體。這是金馬頒獎的前兩天，提前來台的葉德嫻，在一天之內排了多場專訪，電影公司說，「她準備了五套衣服，並請飯店提供不同風格的多個場景，不希望拍攝出來的服裝、背景是重複的。」

還沒出場，就讓我們見識到新科威尼斯影后的追求完美。下午三點整，一分不差，在助理們的簇擁下，葉德嫻來了，這是影后的敬業，準時得像從不脫班的德國火車。遞上名片，她不隨便敷衍，而是像讀本書似地，仔細「讀」名片，然後抬頭，「房小姐，妳好！」「賴先生，你好！」我們不再是面目模糊的無名記者，這是她對人的尊重。

儘管梳高刮蓬了頭髮，足蹬三吋高跟鞋，六十三歲的葉德嫻仍顯嬌小，是家裡「媽媽」常有的身形。《法外情》她演一個不能與律師兒子相認的妓女，在《笨小孩》裡飾演癌末仍掛念著智障兒子的悲情母親，此次獲獎連連的《桃姐》，她和老搭檔劉德華雖演一對主僕，但內裡還是母子情。葉德嫻飾演桃姐，劉德華演她一手帶大的少爺，桃姐在中風後住進老人院，少爺陪伴她走過生命的最後之旅，情感內斂而真摯動人。

葉德嫻說：「並不是因為我看起來特別有母性，而是一進演藝圈，就一直讓我扮老演母親，從來沒演過美女。」劉德華說，「她三十年前在電視劇《獵鷹》第一次演我媽，我看見她，覺得一個小妹怎麼演我媽，沒想到三十年後她還是演我媽，好像我不曾長大。」演母親註定扮老、裝醜，為了《笨小孩》裡的癌末角色，葉德嫻剃了光頭，「頭髮可以長回來，我不覺得是很大的犧牲。」

敬業如她，戲精如她，苦情和笑鬧劇都擅長，卻也有不敢嘗試的地雷區，她害怕拍脫戲和吻戲。不曾演過脫戲，吻戲只在《洪熙官》裡有過一次，她演一個女扮男裝的小偷，被發現了，為求脫身故意去親男人，「這是我第一次，也是最後一次拍吻戲。總是演母親有個好處，就是不用吻也不用脫，」說完她豪邁地哈哈大笑了起來。

葉德嫻早已是香港電影史上「悲情母親」的代名詞，我面前的她卻沒有一絲苦相，也沒有影后的架子，反而有一種小女孩的淘氣。坐電梯時，她因為戴手套，順勢模仿起電梯小姐報樓數，說歡迎光臨；在錄給台灣觀眾的一段話時，為求完美，她反覆練習發音咬字，但為了入境隨俗，又模仿起台灣人特有的上揚尾音；拍照時，上半身紋風不動，下半身她一雙穿著金色高跟鞋的腳忍不住跳起踢踏舞。

在現實生活中，葉德嫻很早就為人母，兒女現在已四十多歲。「我十八歲就結婚生子，後來當然會後悔，那時候太年輕，還沒學會當母親。」葉德嫻講話直爽、痛快，笑聲大，表情多，但講到和兒女的相處情況，便感覺她馬上防衛起來。她離婚多年，目前於香港獨居，兒女都在加拿大，「小孩越大就越沒有接觸」，她反問我，「我相信絕大多數的人，都會覺得母親很麻煩。誰喜歡和母親同住呢？你願意嗎？」

八〇年代不知賺了多少熱淚的《法外情》系列電影，我問她小孩都看過嗎？「我不知道，沒有問過他們。以前發ＶＣＤ時，我會送他們一片，上面寫『請指教』。客氣吧！這種關係好嗎？這種方法溝通可以嗎？我不願意，也沒有能力討好任何一個人。」

戲裡，端午、中秋、過年，安養院的老人陸續被接回團聚，只剩桃姐一人獨守。老東家從美國打越洋電話問候，雖則有心，但東邊日出西邊雨，那頭熱鬧，這廂冷清。戲外，我問她怎麼過節？「我從不過節，因為以前過節是我賺錢最多的時候。Chrismas 去唱歌可以有三倍工錢。我的朋友很幫忙，有 party 就帶我的小孩一起去。不能和孩子一起過節，我不會自憐。我會想：妳很幸運，妳還有工作。」

葉德嫻能演戲，世所皆知，但在香港，她還是一個非常優秀的歌手。唱歌、演戲一開始都是偶然，她原本在航空公司當地勤，遇到飛機 delay，航空公司會給旅客酒店餐飲券，用不完的，葉德嫻就和同事拿去喝點東西。飯店的 dining room 有樂隊伴奏，大家輪番上去唱，葉德嫻唱完，bandleader 就說，「妳是能唱的。我的女歌手常常不來上班，她不來的時候，妳來唱好嗎？」

薪水比地勤好，後來葉德嫻就去夜總會駐唱，因緣際會參加電視台的歌唱節目，又因緣際會開始演短劇，「都是無心插柳，我是一個很普通平凡的人。要見你們我才打扮，平時沒有的。我不覺得在這個圈子就要fashion，穿得舒服的衣服，我會穿到不能穿為止，有件褲子磨久了後面已經脫線，我原先不知道，還一直穿。」

影、歌雙棲，到了九〇年代，葉德嫻因為不喜香港唱片的商業操作手法，退出歌壇，不再發片，但還舉辦演唱會。不像時下的流行歌手，她的演唱會總有一些「古典」堅持，開始時會鄭重宣布須遵守的事項：遲到的觀眾在中場休息時才能入場；手機請設定為靜音等等。另一方面，講求環保的葉德嫻會呼籲歌迷不要送花、買螢光棒，建議把錢捐給慈善機構。她說，「有一些東西我不同意的話，就會擇善固執，堅決不妥協。」

問她比較喜歡唱歌還是演戲，她說，「都喜歡，兩者可以互通，因為歌裡面有戲，每一首歌，我都會幫它想一個故事。」寫稿時我反覆聽她的歌，低沉具滄桑感的嗓音，很難說有什麼技巧，但極具渲染力，一首黃霑做詞曲的〈明星〉，原唱默默無名，其後有張國榮、梅艷芳、費翔等人詮釋過，但只要葉德嫻一唱，這首歌便和她畫上等號，是公認的最佳版本。

不約而同的，葉德嫻的歌曲裡總有許多「星星」，「我像那銀河星星，讓你默默愛過

／更讓那柔柔光輝，為你解痛楚。」「夜，星星結聚；紅葉，倚星半睡／我在繁星夜裡，曾與他共醉。」「輕輕的星塵夜夜落，令世上添繽紛。」

其實，葉德嫻是一個癡心的追星族，「很早就喜歡看星，後來去參加天文會，香港光害太厲害，都到澳洲、冰島、美國佛羅里達觀星。」像日全蝕這種特殊的天文景觀，她也會到世界各地追著看，「日蝕的時候好像日落，你可以聽到鳥群飛回樹上的聲音，牠們以為天黑，要回巢睡覺去了。」

既然追星，我問她相不相信星座，卻惹來一頓教訓，「我絕對不相信，我覺得你們信的人很無聊！有一個朋友，和我同年同月同日生的，但我們的個性完全不同。不是星座，而是性格和環境決定命運。」

不信星座、算命，絕非宿命論者，因為在成長的過程中，她看多了「認命」的傳統女人，「我有兩個媽媽，大媽沒有生育，所以父親再娶生了五個女兒，我排行老三。大媽自己住，父親和我們一起生活。對我來講，兩個都是我的媽媽，但很可悲的要共享一個男人，做女人太苦了，她們沒有機會去走自己的路。」她接著說，「現在不苦了，因為可以kick his ass，」說完又是一串爽朗豪邁的笑聲。

「因為想脫離原來的家庭，我很早就結婚了，總是這樣的。」為什麼離婚？她的回答是「個性不合」，媒體報導說是男方外遇，也許是不願意重蹈父母親三人行的舊路，撐了八年，不到三十歲就離婚。小孩歸誰撫養？「這個我不能講，他後來已另組家庭，我不想講他的不好。」沒有回答也是一種回答，我想起葉德嫻的「沒有節日」，聖誕節仍去駐唱，賺三倍的錢。

《桃姐》替葉德嫻提前預演了老、病、死，「未來我很早就計畫了，我到美國、澳洲各地去看，找一個可以終老的地方。」「關於病痛，很久以前我就同意安樂死，是給人一個尊嚴。我現在還健康，但我不能看到自己不能擦屁股的時候，要人家來幫我，我不要。」「一個人死了，還要燒的，對空氣不好。土葬的話要佔地，我也不要。最好是海葬拿去餵魚，或者捐出去給醫生做研究，很有意義，我願意。」

活得尊嚴，死後不要人上墳祭拜。不留戀人間，而寄情於遙遠星斗，五大行星中，葉德嫻說她最喜歡土星。我回去查天文資料，土星移動最緩慢，且顏色不如其他星辰明亮，是一種黯淡鉛灰的色調，因此在占星學裡，土星代表逆境與磨難。葉德嫻是魔羯座，正好就在土星的管轄下，耐磨能吃苦。得了影后，葉德嫻的金馬獎感言是，「《桃姐》讓我走老運」，是夜星光燦爛，苦盡，也該是甘來的時候了。

後記

《桃姐》中有念舊的一幕，桃姐將少爺小時候的衣物都收藏起來，開箱時好似進入時光隧道。葉德嫻說，「這一點是我和桃姐少數相像的地方，我也收藏兒女小時候的衣服、玩具，連別人小孩的舊衣我都收來。」談到兒女始終像刺蝟的葉德嫻，這一刻，她終於鬆掉盔甲，柔軟了起來。

二〇一一年十二月

大哥

洪金寶

在電視台的化妝間，等錄影的空檔，洪金寶拉了一張椅子，背對著所有人，坐下。在他身後，整個化妝間沸騰著綜藝的歡愉氣氛，梳化小妹手上的吹風機轟隆轟隆響，電影公司宣傳忙著講手機打點媒體，等會要跟父親洪金寶一起上節目的洪天祥和他的一群ABC朋友滿口嘻哈腔英文，嬉鬧玩耍著。

唯一不動如山的一個背影，形成了一個孤獨的、安靜的結界，和週遭的喧鬧格格不入。仔細一看，小山微微起伏，原來洪金寶正閉目養神，睡著了。他雖趁空打盹，但並不全然放鬆，他雙手抱胸，腿呈八字形微踮著，像個拳擊手，擂台上的鈴一響，他就會虎豹般一躍而起。

「我昨天凌晨三點才睡，四點就起來，從北京先飛到香港，再飛台灣。其實本來昨晚已經回到香港，要直接飛過來，但北京拍片現場臨時有事，又飛回去處理。」

洪金寶正在北京拍攝新片《太極拳》，百忙中抽空來台，是為了幫兒子洪天祥編劇並為參與演出的電影《樂之路》做宣傳。

風塵僕僕的洪金寶，白T恤牛仔褲，外罩淺色條紋襯衫，袖子鬆鬆捲起，扣了一半的扣子顯得繃，勉強收拾住圓滾肚皮。低調樸素，但絕不邋遢，脖子上掛了兩條民族風項鍊，便有了造型。頭髮梳得油亮服貼，收束在後綁一撮小辮。

他下飛機後馬上趕往《康熙來了》的錄影，接著是平面、電子媒體密密麻麻的訪問，沒有片刻停歇。輪到我們的時候，天色已經暗沉下來，飯店裡的 lounge bar 開始放起迷幻頹廢的搖頭音樂，洪金寶已顯疲態，眼裡布滿血絲，但他還是打起精神，坐正，眼神炯炯，擺好陣式與我們過招。

在華語影壇能讓成龍喊上一聲「大哥」的，唯有洪金寶，他是大哥中的大哥。大哥的宿命，在九歲被父母送進于占元創辦的「中國戲劇學校」時便已決定，洪金寶是大師兄，小他兩歲的成龍，小八歲的元彪都是師弟。「小時候逃學、打架，父母覺得這樣下去不是辦法，就送我去學京劇，將來能有一技之長。一下簽了七年，不必再讀書考試，一開始我很開心，但是一個禮拜之後我就後悔了，練功很辛苦，師父還會打人。」

洪金寶曾在電影《七小福》裡扮演過嚴師于占元，這是他難得不用比劃功夫的文藝內心戲，讓他拿到香港金像獎最佳男主角。《七小福》演的就是洪金寶師兄弟從前學藝的往事，戲中的合約內容就有：「無故禁止回家，中途不准退學。頑劣無故，打死不論。」剛進師門，洪金寶本來是老四，「但是前面三個都逃掉了，我也逃過，逃回家又給家裡送回來，違約要賠錢的。」

「我算是被打的最少的，但有一次我逃跑，只有包租公元華知道我藏在哪裡，每晚送飯給我，師父氣他知情不報，痛打他八十幾下，打斷三根水管粗的棍子。」

「以前會恨師父，那時候想，出師自立以後，一定回來揍你。但到後來，我長大了，師父老了，我對他還是那麼敬畏。懂事以後才覺得他是一個很了不起的人，他自己環境也不好，去教會領救濟米，撿麵包店不要的麵包皮，卻不收一毛錢學費，和我們一起打地鋪，睡地板。」

在我眼前這個成就、身軀都十足份量的大哥大，談起師父于占元，像是又退回到學徒時期的謙卑。為了支持兒子的電影，他在《樂之路》裡頭也客串一角，洪天祥說，「這部片是一群年輕人玩音樂的題材，拍戲的時候像是同樂會。有一天到片廠，氣氛突然變了，鴉雀無聲，原來是我爸來了，他光坐在那裡就有威嚴。」

洪金寶繼承了師父的威嚴，但他對於後輩不打罵了，而是照顧與提攜。洪天祥說，「電影圈大家都知道，當洪金寶的班底，就能吃飽、穿好。他把酒店的房間改成廚房，親自做飯給底下幾百個人吃。」洪金寶不吃牛肉，但會為了讓武行吃得營養而煮羅宋湯，他說，「我常常大手筆花了好幾千人民幣買食材，被老婆罵。」不但吃好，還有特別訂做的保暖外套、手錶，只要是班底，人人都有。

曾經風光一時，但武打片在香港畢竟是沒落了，洪家班早在一九九七年就解散，洪金寶不無唏噓地說，「解散之後，人人際遇不同，有人當了導演，有人卻去開計程車。」一九七年似乎是個關鍵，洪金寶本有退隱念頭，後來他選擇到美國從頭來過，從零開始學英文，拍了唐季禮執導的影集《過江龍》。問他為什麼想去美國發展，他語焉不詳地說，「那時候的香港電影呢……完全不是那種感覺。」稍稍回想，九〇年代的港片，幾乎被周星馳的無厘頭一統天下。再往前推，八〇年代才是洪金寶的全盛時期，結合靈幻與功夫的《鬼打鬼》開啟後來的僵屍片熱潮。功夫喜劇片則有「福星」系列。洪金寶、成龍、元彪鐵三角合體的《A計劃》、《快餐車》更是部部賣座。洪金寶能編能導能武打能搞笑，可謂全才，而更難得可貴的是，他總能甘於綠葉，分杯羹給別人，「早期我的電影都是一大堆人，每一個人都有戲，很平均，不是把戲分只留給自己。」

「全盛時期平均一年一部片，腦筋隨時在轉，拍這部片時已經在想下一部片。」上節目時，小S說洪金寶是世界上最靈活的胖子。我想著，他靈活的不止身手，還有腦袋，這或許來自被淘汰的恐懼。和于占元的京劇學校簽了七年約，到了十六歲要出師時，傳統戲曲在香港卻已沒落，而武俠電影日盛，練得一身基本功無法唱戲，轉而去做武打替身，「我算是學得快的，一年就升做副武術指導，劇組搶著要，再兩年就升了武術指導。」

「但也不能一輩子做武行，二、三十歲做這個還可以，但到了五、六十歲，還能打？

還能摔嗎？做演員也沒有紅一輩子的，所以我在拍片現場對什麼都有興趣，什麼都去學。」二〇〇〇年之後從美國回來發展，幾年的時間華人電影早已重新洗牌，「變得對香港電影不了解，電影的技巧，所有東西都落後一截，要想著怎麼樣才能追回來。」

始終奔波，一直在追。洪金寶說他這幾年才打打高爾夫球，以前從來沒有任何休閒娛樂，曾經來台灣拍過四個月的連續劇，「收工就回房，台灣哪裡也沒去。」洪天祥說，「他一年有三百六十四天都在拍片，媽媽帶著我們在加拿大讀書，放暑假回去，都要到片廠才看得到爸爸。」

對於洪金寶這個武人來說，比拍戲打拳更累的，或許就是像這樣的馬拉松訪問。

訪談的後半段，他以詠春式的快捷短打與我們過招，每個問題都想在三句之內明快解決，「到美國發展有沒有什麼不適應的？」「沒有。」「你和韓國籍妻子離婚，和演員高麗虹結婚時，有沒有遇到什麼阻力？」「那麼多年，都忘記了。」

快打快問快答，然而，我並沒有察覺到大哥的不耐煩，而是感覺到一股深沉的疲累感，從他巨大的身軀裡漫溢開來。訪談間的休息空檔，他又是獨自一個人，咬著一根雪茄來到戶外的泳池畔，在潮男靚女間找了一張可以將自己埋得很深的沙發，吞雲吐霧了起來。像是一隻征戰多年的老公獅，只想找一個無人所在，默默舔舐自己的傷口。

洪天祥說，「我很心疼爸爸那麼累，希望他能早點退休。他拍片時，有的景很高，爬上去很費力，他因為體重和長期練武，膝蓋不好，但還是堅持自己上去。」在《康熙來了》，陳漢典以激將法一個箭步跳上圓桌，想要比試一番，洪金寶仍不動如山，他開玩笑說現在只動動上下嘴皮，不打也不跳了。

十分鐘放風結束，拳擊手上台，老公獅回來。我終於注意到洪金寶穿的鞋，是一種功能氣墊皮鞋，它承受住一百公斤的體重，也承受住從九歲拜師以來，五十多年來的跌打跳摔歲月。「我現在坐久了剛起來，剛開頭的幾步一定是一瘸一瘸的，走了幾步才會好。」我問他《葉問2》裡頭令人印象深刻的一幕，洪金寶和甄子丹，一胖一瘦，在圓桌上對打，這麼激烈的場面身體怎麼承受得住？他說，「幸虧那段沒發作呀，」接著抖動著大肚子，呵呵笑個不停，大哥笑得瀟灑，聽在我耳裡總覺得有些苦澀。

隔天，大哥還是採訪滿檔，我們擠入不多的縫隙，去補拍一些照片。「你昨天那麼累，有睡飽一點嗎？」「只睡了五個小時，本來想早睡，但我在飯店房間一直轉電視看電影台，看有沒有什麼新點子可用。」我想到之前問他幾時退休，他說，「我發現很多朋友退休沒多久就葛了，他退休那天明明好得不得了，怎麼一兩年就葛屁了，所以我永遠不退休，做到一百歲我都做。」

後記

有媒體問洪金寶，陳冠希與香港嫩模的淫照新聞，這其實已如食之無味的雞肋，記者硬塞進洪金寶嘴裡，問好不好吃。甘卿何事？他無任何不悅，仍給出一個不得罪人的答案。記者或許是想請香港演藝界大哥來仲裁淫蟲，我想洪金寶心裡的OS大概是，「我不做大哥已經很久了。」正在當大哥的人，你一定要謙遜，要不會被說是高傲；曾經是大哥的人，你更要謙遜，要不然別人會質疑你憑什麼還這麼跩，這就是大哥的宿命。

二〇一四年十一月

漢子

王小棣

九月底，在國家文藝獎的頒獎典禮，總統馬英九和得獎者合影，卻不見得獎者之一的王小棣。此前在同樣的場合，歌劇聲樂家曾道雄曾拒絕上台跟總統合影，這一次，王小棣則是乾脆消失，神隱無蹤。在典禮前的記者會，可見一些端倪，當其他得獎者長篇大論說起得獎感言，輪到王小棣，她只有一句，「很意外，很感謝。」就把麥克風交出去，像蚌殼一樣緊閉。

其他人無不盛裝出席，只有王小棣淡藍上衣牛仔褲，水清無魚。她臉部線條剛硬，不怒自威，像將軍。她將皮帶束緊在腰間，腰桿挺得筆直，又像個無時無刻不立正站好的小兵，她說，「得到『國家』文藝獎，讓我很徬徨，因為這個時候的國家，內憂外患，體質虛弱。」

十月中旬，我們和王小棣約在和平東路她童年住處附近，她沿著學校的紅磚牆走來，肩背用到泛白的布書包，手裡拿一包多力多滋，邊走邊吃，悠閒晃蕩像個小學生。不願意和總統同台的她，與我們一見面就綻開笑容，露出微凸門牙，採訪前她再三詢問咖啡館鄰桌的客人，「會不會打擾到你們？」

今年是王小棣豐收的一年，除了國家文藝獎，她所執導的電視劇《刺蝟男孩》剛獲得金鐘獎。《刺蝟男孩》說的是青少年受刑人的故事，她對誤入歧途的孩子總有設身處地的關懷，因為自己以前也是個壞孩子，成績常是倒數，鉛筆盒裡擺著的是吃過的冰棍，刻成關刀、寶劍。唯一一枝鉛筆，刻上數字，轉到3便填3，靠運氣答題。

「我每次沒做功課，就騙老師忘了帶，要回家拿，結果在街上磨蹭，看東看西。沒有冰箱的年代，常有賣冰塊的店，老闆拿一支大鋸子切冰塊，嚓嚓嚓嚓，冰屑滿天飛揚。修理皮鞋的戴一副圓眼鏡，他近視重，每次都把別人的臭鞋湊得很近，整張臉快要埋進去。還有棺材店在刨木頭，剛刨好的棺材很香。我可以蹲在那裡，看很久很久。」

王小棣今年六十歲，她講起五十年前的台灣，栩栩如生，彷彿展開一卷清明上河圖。半世紀前的她，當然不曉得日後自己會以影像為業，卻已不自覺地以眼睛為鏡頭，收攝進市井風俗。

她自己最滿意的作品，不是耳熟能詳的《大醫院小醫師》、《波麗士大人》，而是一九九八年拍攝的短片《台北今天少一桶豆花》，靈感來自她住家附近，一個靠著賣豆花，養活一家七口的男人。「以前我住海邊，要趕早上五點的通告，有一次風雨交加，我開車出門，看見一條小船出海，在大浪裡起伏，總有人在風雨天裡比你早起，讓我感動的都是這些人。」

她所執導的電影《酷馬》，一開場是個失去雙手的小販，在路邊賣口香糖，用餐時間，他熟練地用義肢揭開便當蓋，取出包子來吃。在作品中總不乏對底層人物的凝視，這與她的出身大大悖反，父親是受蔣經國重用，名震一時的國軍上將王昇，曾任國防部總政治作戰部主任。

近年來王小棣積極參與社會運動，從反媒體壟斷、聲援華隆罷工、大埔強拆，都有其身影。採訪當下，香港《蘋果日報》被反佔中人士包圍，不讓印好的報紙送出，關心香港的王小棣，不忘向我追問近況。

為不公不義吶喊，反抗威權，是站在昔日父親的對立面嗎？王昇曾主導「劉少康辦公室」，負責反共的統戰工作，橫跨黨、政、軍、特務體系，從一九七九年到一九八三年，權傾一時。這期間發生過美麗島事件、陳文成命案、林宅血案，王昇是「情報頭子」「政工教父」的說法不脛而走。

「我一直覺得外面講的不盡真實。有人問我的社會關懷從哪裡來，我回想，是我爸爸。我最記得以前家裡有個幫傭的女孩，她腳後跟的皮都裂開來。我母親（繼母）比較急躁，會使喚她，我父親就會說，人家離開家到外面做事，有其苦衷，你跟她講話可以不要那麼急嘛。我最近發表一些時事意見，藍營的人來罵我，說虧我還是什麼什麼出身。我說我從小到大，不曾聽聞父親講過一句外省人與台灣人的分別。」

一九七九年，王小棣因為中美斷交，毅然決定放棄正在攻讀的舊金山大學電影碩士學位，回到台灣。當年年底，在高雄發生美麗島事件，黨外人士在街頭遊行，爆發激烈的警民衝突，王小棣也在現場，「我想了解有什麼話不能講出來，到底被禁止了什麼。為什麼我在美國所感受到的自由，在台灣感受不到。」

令人意外的是，女兒到抗爭現場，王昇全然知情，「父親完全沒阻止我，還介紹高雄的黨外人士帶我一起去。後來我開始關心國事，還是有人會罵我爸爸，我去問一些相關的人，問人家我爸爸到底做過什麼事情，他這一路到後來有了爭議，反共的手法對不對，命令是誰下的？他推動反共思想，是不是代表他就是白色恐怖的執行者？」

「我不知道，我不知道。」王小棣重複了兩次，接著說，「有一天會查得比較清楚。」前陣子，柯文哲讚揚蔣經國是政治典範，引起正反論戰，蔣經國的功過是非，還未攤在陽光下，轉型正義仍未完成。從前在美國讀書時，王小棣在大哥家裡，發現一本江南所寫的《蔣經國傳》，「我看了反而蠻佩服蔣經國，不覺得是醜化。」但一九八四年，華裔美籍作家江南仍被台灣情治系統指派的黑道人士暗殺了，這是後話。二〇〇三年，王小棣拍攝電視劇《赴宴》，碰觸到白色恐怖議題，「我對於國家、體制的反思，都是這些年在拍戲過程中慢慢學習。」

王小棣上有三位兄長，身為唯一的女兒，父親對她並不放任，但也給予發展空間，王小棣不想考聯考，想直升淡江中學好參加純德女子籃球隊，父親也答應。高二時王小棣突然想開，放棄籃球夢，苦讀一年考上文化戲劇系，「一開始我很排斥，還想重考，但父親沒要我和哥哥一樣讀理工，還送我一套戲劇書籍。」

隔幾天要拍照，王小棣主動提議到北師美術館，因為那裡有蔡明亮《郊遊》的展覽。王小棣口中的「阿亮」，是她剛從美國回來在文化戲劇系教書的學生。蔡明亮說，「我始終記得第一堂課她用柏拉圖的洞穴理論來講電影，打開我的視野。後來跟她拍片，她不只在內容上改革，拍貼近現實的題材，也在作風上示範，拍完收工，她一定第一個拿起掃把去掃地，把借來拍攝的地方，完璧歸趙還給人家。」

另一位徒弟導演陳玉勳說，「我讀大學時去她公司實習，她是導演，我是實習生，她會說，你跟我一起去搬花盆，而不是使喚，ㄟ那個誰你去搬花盆。我大學畢業，不知要幹嘛，她居然叫我去執導《佳家福》，我又不是科班出身，真不知他看上我什麼，我很懶惰，完全被她推著走，才有今天。她很會挖掘人的長處，找的編劇常不是專業出身，菜市場的阿桑都可以來寫，生活的味道才出得來。」

王小棣拍電影，產量比她的任何一個學生都少，她說，「我很高興我的學生一直超越我。」曾經滄海難為水，大多數人拍了電影，就不再回頭拍電視劇。王小棣仍不願放棄，「我覺得做電視是一種社會運動，電影的創作空間很自由，但電視一打開就進入家家戶戶，更有教化寓意。」

多年來，王小棣的重要創作夥伴都是資深製作人黃黎明。今年是豐收的一年，更是殞落重創的一年，五月底，黃黎明因肺腺癌去世，得年五十八歲。兩人相識相知二十八年，作家廖玉蕙的悼文中寫，「小棣身邊的黎明，輕巧靈慧，總是影影綽綽相伴相隨，看似輔助扶持，但認真計較起來，也許更接近運籌帷幄的穩定力量。」

講起黃黎明，鐵漢模樣的王小棣，就眼泛淚光，「她特別會寫小孩子的戲，有很純真的情感。」《魔法阿媽》、《擁抱大白熊》裡的童真，都有黃黎明的影子，「我作品中陰性的部分，一方面是黃黎明的創作，一方面是我渴望母親的柔軟。」

生母胡香棣在王小棣剛出生不久就病逝，後來王昇再娶，再生一子。生母臨終前和丈夫約定，把名字裡的「棣」給女兒取名，好維繫緣分。「小時候躲貓貓藏在櫃子裡，發現有個女人的塑像，嚇一跳，不知道那是母親，大一點家裡才跟我講生母的事。小學時我曾做一個夢，夢到母親來抱我，非常真實，我從夢中哭喊著醒來。」

與黃黎明初識時，黃在台視工作，要製作賀歲節目，詢問有什麼人又好又快又便宜，

「那就是我啦！」王小棣笑得瞇起眼睛。「她放棄優渥的薪水，來和我一起工作，她真的既溫柔又勇敢。」一九九二年，兩人一起成立稻田電影工作室和民心劇場。

黃黎明的告別式，王小棣沒能列席家屬席，但拍了紀念影片。影片裡陽明山上住處的一草一木，都由兩人一起栽種。來到最後，拍攝黃黎明臨終躺在病床上，臉頰上的一滴淚，我不知道王小棣持攝影機的手怎麼穩得住。結尾舉重若輕，「歲月在很遠的地方坐著／忽然大步走來，又無聲的走遠去了。」

攝影 蘇立坤

二〇一三年十二月

孤獨國王

王羽

「講句臭屁話喔，我這個才叫做豪宅，有人住什麼帝寶、一品就說是豪宅，狗屁啦！那只是apartment而已。」七十歲的王羽拄著銀頭拐杖，站在他位於新店山區，佔地千坪的別墅前，讓我們拍照。噴泉、花園、游泳池……，豪宅該有的一應俱全。拍照時他將雙手敞開，擺出一個志得意滿的POSE，彷彿《大亨小傳》的蓋茲比。

拄著拐杖的蓋茲比領我們進屋，玄關掛著一個光燦奪目的巨型水晶燈，「當初買五百萬台幣，我以前還搭梯子爬上去，一片一片擦耶，兩天才擦得完。」走進會客廳，除了三盞水晶燈，還有壁燈，桌上有銀燭台，再加上鑲金邊的歐式家具，「你們黎老闆（黎智英）當初應該買我這間房子，這全是我自己設計，外面設計師不到我這個水準的。」

王羽早已淡出影壇多年，近幾年復出屢有斬獲，二〇一一年因電影《武俠》入圍金馬獎最佳男配角，今年又因《失魂》獲得台北電影節最佳男主角、釜山影展亞太最佳男主角，也同時入圍金馬獎最佳男主角。

拍完《武俠》之後，他因宣傳奔波勞累而中風。中風後他接拍《失魂》，演一個住在山裡的獨居老人，有許多深沉的內心戲，「鍾孟宏導演找我時，我問他有沒有毛病呀，我連走路都沒有力氣，怎麼找一個耳不聰目不明的殘廢來演戲。但幸好我有接下來，拍了這麼多戲，終於有得獎運。」鍾孟宏說，「角色設定為外表剛毅，內心脆弱的父親，我一看到他，就不做他想。因為中風，反而把他以往演大俠的張揚削減掉，我就是要他面無表情的樣子。」

當初是左半身中風，講話時王羽的左、右臉還不太能協調。他百無禁忌，不忌諱說自己是「殘廢」，臉上卻擠不出一點表情，「中風後自律神經受損，笑也笑不出來。」在滿屋燈火輝煌中，王羽耷垂著眼皮，臉色黯淡，能靈活耍動的就剩嘴皮，彷彿這些嗆辣的話，是為了刺激自己再生龍活虎起來。

一九六七年，二十四歲的王羽因《獨臂刀》一砲而紅，所主演的電影連續四年蟬聯香港電影票房冠軍。甫出道就擔綱男主角，紅透半邊天，「獨臂刀王」的英姿深植人心。即使在快半個世紀後，仍讓許多人念念不忘，例如美國導演昆丁塔倫提諾，因為今年的釜山影展要在大銀幕放映《獨臂刀》，身為影迷的昆丁特地飛到釜山，並希望能與偶像見面，但因王羽已經回台，陰錯陽差沒碰到。

王羽在上海出生，父親開布廠、米廠、麵粉廠，家境富裕，六個兄弟姊妹中他排行老大。「小時候綽號叫『拆天』，連天都可以拆掉，一天到晚和人打架。我媽媽拿雞毛掃把教訓我，說求饒就不打，我硬是不求饒，打到棍子都斷掉了。」

七十歲的老人回憶起來，嘴角還掛著小霸王式的倨傲。過剩的精力無處發洩，他參加學校的武術班，也加入游泳隊。共產黨接收中國後，父親先到香港發展，十七歲時王羽依親來到香港，就讀珠海學院土木工程系。他連續兩年獲得全港游泳比賽冠軍，一九六四年要尋求三連霸之際，卻因為和人打架而被取消資格。

那個夏天因為被禁賽而無事可做，悶得慌，正好邵氏招考武俠片演員，「我刀呀劍呀拳腳功夫都會，朋友叫我去考，報名的有三千多個，錄取三個，我是其中之一。」一砲而紅後，不顧家人反對，王羽書也不唸了。作為一個武俠明星，至此，「打架」便成了光明正大、天經地義之事，「一天到晚演英雄，演大俠，演慣了，個性絕對會受影響，特別不能忍受不合理的事情。」

當時邵氏的高層鄒文懷想要出走，成立嘉禾電影公司。王羽為了講義氣，也想跟著走，但已和邵氏簽下八年長約，他不改壞孩子脾性，夜闖辦公室，偷了一百份合約，帶回家通通燒掉，「我當然不能只偷自己的，一定會被發現。」因為與邵氏的合約糾紛，一九七〇年王羽移居台灣，一待就是四十幾年。

全盛時期在六、七〇年代，八〇年代以後王羽逐漸淡出影壇，轉而經商，常出入聲色場所，和竹聯幫的陳啟禮等人多所往來。關於他的新聞沒少過，只是改在社會版見報。一九八一年，王羽因為得罪四海幫老大劉偉民，劉偉民派了殺手在天廚餐廳埋伏，王羽身中七刀，受了重傷。

當時會害怕嗎？一直坐著不動的老人，突然比劃了幾個推擋動作，「他們四把扁鑽，我連踢帶打，刺往要害的被我擋掉了，他們走的時候我還說不要跑，一直追到門口。」送醫急救後輸血三千CC，「我感覺自己輕輕的往上飄，好像是靈魂出竅了，有個聲音告訴我要往下鑽，不能往上面去，於是我拚命地鑽、鑽、鑽，最後就回來了。」

大難不死，回來第一件事情就是趕著出院，直奔香港讓老母親安心，「她看報紙知道，很擔心。我跟她講沒事啦，撐著身體飛過去給她看。說來慚愧，前幾年她八十幾歲的人了，每次看我出門，都說，『你─不─要─跟─人─打─架─喔！』我中風以後她反而安心，因為我打不動了。」

第二件要緊的事是復仇，「我找陳啟禮幫忙，他很講義氣，幫我安排一組人堵到當時帶頭刺殺我的劉鐵球，還他雙倍的十四刀。劉鐵球沒死，後來退出江湖。」王羽不諱言他與竹聯幫的密切關係，小女兒王美怡說，「以前家裡的電話從早到晚響不停，全部都是找他應酬、喬事情的。」

一九八二年，國民黨高層來和王羽接觸，希望能透過他的關係教訓一下在美國的許信良，「我覺得不太對勁，沒去做。」兩年後爆發江南案，同樣也是政府高層授意陳啟禮，前往美國刺殺撰寫《蔣經國傳》的作家江南，陳啟禮因此入獄。「陳啟禮是被利用了。幫會講義氣，義氣的『義』字倒過來就是『我王八』，講義氣就是一天到晚要做王八蛋。」

大俠由戲裡演到戲外，在外逞兇鬥狠，其實回到家裡，王羽是標準的上海男人，王美怡說，「他其實很細膩，懂吃愛做菜，也很會逛街幫太太、女兒挑衣服，他喜歡把我們打扮得漂漂亮亮的，約朋友來家裡打牌。」

豪宅裡有打牌間，有專門唱卡拉ＯＫ的房間。經過廚房，飄來香味，爐上小火煮著東西，「這鍋是蕃茄馬鈴薯魚湯；這自己滷的牛肉；這是乾的鮑魚，還要發上一天。」很久沒有女主人？王羽倔強地說，「以前有太太我連釦子都要自己縫咧，現在一人吃飽全家飽，有什麼不好的？」

第一任妻子是有著「學生情人」稱號的已故影星林翠，兩人於一九七四年離婚，林翠移民美國，三個女兒都歸王羽撫養，「我要拍戲，媽媽就從香港飛過來幫我帶孩子。」四年後王羽再婚，第二任妻子是搭飛機認識的空服員王凱貞。牆上掛著一張放大的全家福，三個女兒已是荳蔻年華，後母王凱貞猶一臉稚嫩，看起來比大女兒王馨平大不了多少。

第二段婚姻在一九九九年，世紀末劃下句點，王羽帶警察上門捉姦，新聞鬧得滿城風雨。「當時我嚥不下這口氣，現在不氣了。我希望她過得好，如果她過得不好，我還要養她咧，我能眼睜睜看她餓死嗎？」

王美怡說，「他很少用正面肯定的方式表達愛。有次和他吵架，我心裡很難過，打電話跟他說我很想他。他聽到這句話愣了一下，不知道怎麼回我，只叫我回去喝湯。我回去時，他已經煮好一鍋湯，但又潑我冷水，問我今天怎麼不用上班，是不是被炒魷魚了。」

王羽出身富裕人家，從小錦衣玉食。因為及早離開上海，沒有吃到文革的苦頭。第一部戲就當男主角，剛入行就大紅大紫。人生始終只見雲頂風光，終究也有往下跌落的一刻。一九九〇年爆發鴻源案，王羽開的投資公司也受波及，「賠了六個億，陽明山的房子、香港的工廠都賣掉還債。最苦的時候是借高利貸，他們喊打喊殺，遲一天還錢都不行。我說我又不會跑，只要有華人的地方，就知道我王羽。要打你來嘛，我奉陪，你要開槍，大家對著一起開嘛。」

牆上貼著片片金箔，我絲毫感受不到家道中落的痕跡。陽明山的別墅賣掉後，他跟銀行貸款八千萬，買了現在的房子，「每個月要付三十幾萬利息耶，我沒有固定收入，很累的。」為何還要買這麼貴的房子？王羽的語氣激昂了起來，「佛爭一炷香，人爭一口氣呀。生意失敗，老婆跑了，我要證明我還是過得很好呀，住的房子比以前更大、更豪華了！」

在黃金屋裡坐了一下午，鋪張揚厲的風格，張牙舞爪的金色，我忽然頭暈，意識到少了一面可供眼睛休息，留白的牆。三個女兒都嫁了，這裡只住著蓋茲比和菲傭瑪麗亞，空空蕩蕩，少了家的感覺。

王美怡說，「他很逞強，中風後還自己開車，我們擔心他，幫他請司機卻被他罵跑。每次回家看他，坐沒多久，他就叫我們趕快回家。但他這幾年特別多愁善感，前幾個月奶奶生病，他打電話給我，像小孩子一樣嚎啕大哭，以前從沒看他哭過的。」

傍晚時分，山區霧重露濃，「我喜歡起霧，好像房子蓋在雲海上面一樣。」孤獨的國王突然玩興大發，俏皮地甩著他的銀手杖，步履蹣跚地走回他的宮殿裡去。

攝影 陳毅偉

二〇一四年一月

療癒我

蔣友梅

初次見面，一雙溫熱的手握過來，不帶姓地稱我名字，「慧真，歡迎你來！」寒冬裡直接傳來的體溫，瞬間融化了隔膜，我問她，「可以叫你友梅嗎？」對方笑答，「當然可以，那太好了。」

刻意遺落的姓氏是「蔣」，我們和蔣友梅約在台北的畫廊，這裡正舉辦她在台灣的第二次個展。在作品中她皆以「友梅」署名，拿掉姓氏，五十二歲的友梅是旅英藝術家，出生於台灣，一九八〇年赴英，一九八四年獲肯特大學藝術史和英國文學雙學位。四十歲後她在倫敦曾舉辦多次畫展，作品曾在蘇富比拍賣過。

一旦加上姓氏，身後便是半部中國近代史。她是蔣孝文的獨生女，蔣經國最疼愛的長孫女，蔣家第四代第一個出生的孩子。一九六一年蔣友梅出生時，曾祖父母蔣介石、宋美齡眉開眼笑抱著她的照片，已成為歷史檔案。同輩的堂弟妹都小她十歲以上，唯有蔣友梅趕上蔣家的盛世，說她是集眾多寵愛於一身的蔣家小公主，也不為過。

半個世紀過去了，今非昔比，曾祖父的銅像從校園裡撤出，祖父的肖像從禮堂裡撤出，中正紀念堂改名為「自由廣場」。來到二〇一三年，對蔣家還感興趣的大概只剩陸客，「蔣匪」、「蔣家秘辛」變成搶手的文創商品。

舊時王謝堂前燕，飛入尋常百姓家。我面前的蔣友梅，待人客氣，穿著樸素，即使接受採訪，也只是簡單的牛仔褲、帆布鞋，僅點綴性地圍著一條絲巾，像一片朦朧的雲，烘托出她輪廓深邃的貴氣感。除了祖母蔣方良的俄國血統，還有母系那邊外婆的德國血統，「小時候就知道自己跟別人很不一樣，除了長得像外國人，還因為家世的關係，很多人害怕跟我接觸，我童年時沒有什麼玩伴。」

看蔣友梅小時候的照片，長得就像一個外國洋娃娃，她的黃髮褐眼，在一片黑髮中顯得格格不入。她讀小學時會故意把一百塊掉在地上，然後假裝撿到錢，問是誰丟了錢？「就是想要在團體裡被接受嘛。」然而在一九七一年，新台幣的最大面額是一百元，一般小學生根本不會有這麼多錢。「那時候還會被取一些綽號，例如『醬油發了霉』，或者把蔣友梅倒過來就是『沒有獎』。」

蔣友梅出生後沒多久，父母就雙雙到美國讀書，將她托予祖父母帶大。「我知道他們很愛我，但大人都很忙。我是獨生女，寂寞也有寂寞的好處，我喜歡觀察周遭一切，因為身分的關係，我能去的地方很少，不太能出門逛街，只能抬頭看看天，看雲聚聚散散，就像人事無常。」

由於孤獨，蔣友梅躲進創作的內心世界，十歲開始寫詩、畫畫，曾拜水墨畫家胡念祖、水彩畫家王藍為師。她還有個書法老師，是祖父蔣經國，「祖父會抓著我的手臨帖，最記得他有次只寫了一個『一』字，說是最難寫的一個字，他說人生也是這樣，最簡單的反而最難做到。」

蔣友梅的兒時玩伴簡靜惠說，「小時候她非常調皮外向，常在官邸裡想出許多鬼點子，戲弄便衣警察。但等她長大，逐漸了解阿爺是總統，那些便衣是怎麼回事，知道自己的特殊身分，她變得越來越內向。中學時她父親臥病在床，常發脾氣，也讓她很難熬。」

至今她仍每天練字，那是想念祖父的方式。祖父的愛彌補了父愛，父親蔣孝文在她十歲時，因酒精中毒迸發糖尿病，臥病在床近二十年，直到去世。「父親是長子長孫，從小壓力很大。我覺得他很可憐，是悲劇人物。」說到家族的傷痛，蔣友梅總不多言。她的詩集裡有一首〈父親的夢〉：「在鏡中／父親的夢／徐徐淌入我的夢／無聲的嗚咽／是禁錮在玻璃屋中的斷草殘根。」

與世隔絕的玻璃屋裡，也曾有歲月靜好的家居生活，祖母說得一口流利的寧波話，常煮羅宋湯，以及做一種俄國炸餃子，「包白菜、絞肉、香料，後來我再也沒在其他地方吃過。祖父母叫我『瑪琳卡．多欽卡』，俄文是『親愛的小女兒』的意思。」

閒談間，彷彿那就是一對慈祥和藹，再平凡不過的祖父母。但我很難不想到，一九八八年，我還在讀國中，蔣經國過世，全校默哀，電視一夕之間變成黑白，那是一個時代真正的結束。蔣友梅當時二十八歲，隔年一九八九年輪到父親蔣孝文，一九九一年是叔叔蔣孝武，而僅存的男丁蔣孝勇也在一九九六年過世。

像推倒骨牌似地，十年內家族凋零衰敗，留下一群孤兒寡母。至今講到祖父的死，蔣友梅仍會眼眶泛淚，親人密集死亡，將她帶往藝術創作，以及長年習佛。長期關注蔣友梅作品的藝評家李維菁說，「她的創作一直在處理自身，包括家族興衰、親人離世。她學習各種哲學和宗教，從中得到面對痛苦的力量。」

儘管歷史學家皆主張《兩蔣日記》有重要的史料意義，應要公開。三年前蔣友梅對於孀孀蔣方智怡將日記交付美國史丹佛大學胡佛研究所，十分不滿，一度欲對簿公堂。簡靜惠說，「這就是我所認識的友梅，為了疼愛她的阿爺，她一定會出來捍衛。」蔣友梅說，「我們有義務盡全力保護先人的日記，應該要讓全體繼承人共同審慎討論，不能草率處理。」

第二次密集的死亡，是在四十歲時，祖母、外婆、母親在三年內相繼離世，蔣友梅說，「祖母是俄國人，外婆是德國人，為了愛情可以徹底融入異鄉。母親在父親生病後，身兼父職，邊工作邊照顧我。她們都很堅毅，在那種時代、家庭，很不容易。我尤其無法想像祖母要怎麼面對，丈夫、兒子一一離她而去。」

李維菁說，「她在作品中展現的女性力量，是一種陰暗混沌的初始力量，創作與毀滅同源，要從極大的痛苦中轉化。」

她有個裝置藝術作品叫「療癒我」，木頭籠子裏裝了鵝羽毛，外圍有九把鹽，「鹽有淨化的作用，我把蓋子掀起來，一陣風把羽毛吹起，羽毛象徵我非常珍貴的真誠。從小就見識很多虛假，我一直把『真誠』保護得很好，層層封印在裡面。直到創作後才慢慢打開。」

蔣友梅從十九歲出國讀書，從此長年羈旅異鄉，母親希望她能自力更生，她嘗試去銀行工作，「我對數字完全不行，很痛苦。」她的先生是英國人，女兒金髮藍眼，已經十六歲，在這個英國家庭裡，蔣友梅反而顯得像東方人。「因為長相，我從小就一直覺得自己是個局外人，不被接受，以前會很難過，想要有根。接觸佛學之後，才覺得沒有根的流浪，其實是非常幸運的機運，能讓我更深刻的看到無常。」

儘管不強求根源，蔣友梅還是讓女兒從小學中文，「三歲時我帶她回來，走在路上有人說好可愛的外國小女孩。她居然說：『Hello! I am Chinese.』」女兒會想要了解你龐大的家族史嗎？「她想了解曾祖父，前陣子才問我要看什麼書。」蔣友梅苦笑著說，「我說我來研究看看，有沒有比較正面一點的歷史。」

而今，戴上瞳孔變色片、染一頭金髮的在台北街頭比比皆是。蔣友梅藏在眼鏡後面的淡褐色瞳孔，以及她的淡金色頭髮，都不再讓人大驚小怪。「現在走在街上，沒人認識我，覺得很過癮，好像才要重新認識故鄉。」她想要走出台北，也許去阿里山看神木，「我想問它：你幾萬年下來都看到些什麼？你的記憶好深呀，人類的歷史，只是你的一小部分而已。」

異鄉人求生術

二〇一四年三月

趙德胤

牆上的鐘指著二點二十分，我看看手錶，明明還不到二點。我們並沒有遲到，而是趙德胤習慣將鐘調快三十分鐘。祖籍南京，生於緬甸，現已入籍台灣的趙德胤說，「十六歲來到台灣以後，我從來沒有浪費過一分鐘。」

時間在三十一歲的年輕導演趙德胤這裡，彷彿上緊發條，加速前進。二〇〇六年，他在台灣科技大學的大四畢業作品《白鴿》，就入圍十幾項國際影展。自二〇一〇年起，他以每年一部電影的穩定產量，《歸來的人》入圍釜山、舊金山、鹿特丹影展，並獲得台北電影節百萬首獎提名。近期則以《海上皇宮》入圍鹿特丹影展競賽，《冰毒》入圍柏林影展「電影大觀」。早年將侯孝賢、楊德昌引介至國際的知名影評人Tony Rayns也大力推介趙德胤，逢人便說，「You have to know Midi Z.」。

「Midi Z」是趙德胤的英文名字，「Z」是趙的簡寫，「Midi」在緬文中有「卑小」的意思。趙德胤說，「小時候多災多難，所以家裡人這麼叫我。」如同早年台灣人為了讓小孩好養，會故意取名「阿狗」。童年時，他曾騎腳踏車掉到山谷下，共騎的人重傷，他卻沒事。還有一次搭巴士遇到重大車禍，全車的人都斷手斷腳，只有他毫髮無傷，「我趕緊跑回村子裡，一家一家報信。」

趙德胤理平頭，露出兩隻耳朵，耳垂大而厚，看起來福澤深厚，像僧人。經歷多次死裡逃生，六歲時他為保平安曾短暫出家當和尚。死神的鐮刀時時揮下，並非他特別倒楣，而是在緬甸，一場小感冒就可能致命，「緬甸的生存環境，就像五十年前的台灣，醫療十分落後，我二姊的孩子就是因為感冒而夭折。」

抗日戰爭時，在中國有大批軍人被派到雲南修滇緬公路，趙德胤的祖父是其一。國共內戰時，祖父、父親從雲南逃到緬甸，趙德胤在緬甸出生，祖父開過鴉片館，父親是沒有執照的中醫師，百無一用是書生，家裡的經濟都靠母親賣小吃，一鍋一鍋炒糯米，一年到頭的收入買不起一雙耐吉球鞋。

在台灣，他租屋於中和，在三房兩廳的水泥樓房裡，他憶起緬甸的故居，「草鋪的屋頂，竹片牆，泥土地，有次下大雨，房子還整間垮下來。整間屋子只有這個客廳大，住了爺爺、爸媽，還有五個小孩，總共八個人。」這麼破舊的房子，卻還是租來的。

赤貧的環境，離開是唯一的路，趙德胤排行老么，二哥和大姐早早跨越邊境，偷渡到泰國去。《窮人。榴槤。麻藥。偷渡客》拍的就是兄姐的偷渡題材，在泰緬邊境的軍事敏感地帶實地拍攝，自然不可能取得官方許可，「我們只能偷拍，被發現的話輕則沒收器材，重則被判十年徒刑。邊境更危險，被軍人發現有可能拿槍掃射的。」

二〇一一年，軍人專政多年的緬甸，破天荒舉行總統大選，「我想回去記錄那個歷史時刻，即使只有一台iPhone，我也會回去拍。」拍攝團隊只有三人，趙德胤身兼導演、編劇與攝影。原本的男主角擔心到緬甸拍片不安全，臨陣退卻，只好由擔任製片的同鄉好友王興洪頂替上陣，還有一位在網路上認識的台灣朋友幫忙收音，買了三張機票就上路。

不能引人注目，自然沒有攝影機，只有一台可錄影的照相機。以幾近偷拍的方式，完成《歸來的人》，這是第一部在緬甸拍攝當下時空的寫實電影，也是第一部在國際影展放映的緬甸電影。「我有個清冰箱理論，就是先看冰箱裡有什麼東西，再發揮到極致。我電影的成本比學生電影還低，一部片大概二、三十萬。」趙德胤帶我們去看剪接室，那只是租屋處的一個小房間，他靠一台不到四萬元的電腦，剪出三部屢屢入圍國際影展的電影。

製片兼男主角王興洪說，「他的現場應變能力很強，有一次我們在山上拍戲，不巧有軍人路過。他不慌不亂把軍人支開，說是在替政府拍風景旅遊片。」藝高人膽大，其來有自。小時候趙德胤常需上山砍柴，有一次天黑迷路在山中，他要自己想辦法回來，趙德胤說，「遇到絕境，會激發出野獸般的求生本能。」他愛看書，從前是學校圖書館的借閱冠軍，隨口拈來就是海明威、馬奎斯，給人感覺斯文靦腆，「我回緬甸拍片，一下飛機，就要武裝自己，變得兇悍。如果太溫和，一進海關就會被刁難，甚至勒索要錢。」

一九九八年，趙德胤十六歲，透過僑委會的海外招考來台讀高中，「家裡借錢讓我出來，借的錢可以在緬甸買一間房子。我假日就去打工，餐廳、工地都做過。剛來時就是去餐廳吃東西時觀察，問老闆缺不缺工人，暑假在工地密集幹活，來台灣的第二年就把債還完。」王興洪說，「他是讀書的怪胎，在緬甸每次都考第一名。」儘管如此，老師誇讚的總是家裡有錢，每天有轎車接送的毒販之子。

趙德胤說，「緬甸人不鼓勵讀書，在台灣考第一名除了獲得老師鼓勵，還有獎學金，簡直太棒了，像天堂一樣。」苦過來的人，始終只有「實用」的考量，為了獎學金，他高中、大學、研究所都是第一名畢業。他常在校刊上寫文章，因為有稿費。大學選讀平面設計，因為可以接 case 賺錢。「像我這種出身，首先要生存，不可能對藝術、電影有興趣。」

高三那年，有位家境富裕的緬甸朋友要結婚，想拍攝婚禮，委託他從台灣買一台ＤＶ帶回去。「那年發生翁山蘇姬被刺殺事件，緬甸的新聞被嚴格管控，所有攝影器材都不能通關。帶不回去，ＤＶ自然給我用，所以命運很玄嘛，我怎麼可能有錢去買十五萬的ＤＶ，我一直用到大學畢業，拍了畢業作品《白鴿》。」

《白鴿》用台灣的賽鴿賭博文化，諷喻現代人在高度競爭的社會中，身不由己的處境，一出手便獲獎連連。此後趙德胤的際遇就如白鴿一般，展翅高飛，除了獲得獎金，他也拍廣告，二十四歲這一年，他存了台幣兩百萬，回緬甸幫家裡蓋了水泥樓房。「了結人生最大的心願，我才開始有空去想，以後到底要做什麼。」

他以《白鴿》申請到紐約大學電影研究所的全額獎學金，原本可以當李安的學弟，然而因為拿的是緬甸護照，需要繳交兩百萬的保證金，「我根本沒有，就放棄了。」他留在台灣繼續讀研究所，從十六歲來台之後，始終為錢奔波，有時在工地遇到苛刻工頭，有時在餐廳被廚師欺負。「幫家裡蓋房子後，我終於可以鬆懈下來，大量閱讀和下載電影，那時候一天可以看八、九部電影，一年可以看上百本書。」

學校免費借閱的圖書館、免費上網的公用電腦，都讓這塊飢渴的海綿，吸納海量的文學與電影。像是精神生活上，緬甸匱乏之後的台灣暴食，每讀一個作者的書，就把他所有的書都找來，系統性讀過一輪。每看一個導演的電影，也把他所有的電影都下載，系統性看過一輪。

有了這些底子，當他開始決定要拍電影，給自己的功課仍不馬虎：要看足五百部電影，「看這五百部電影不能只當消遣娛樂，你要知道它的分鏡拍法。我曾把李安《斷背山》的一千多個鏡頭全部變成分鏡，從電腦裡列印出來細看。這些功課是很愚蠢的，但必須去做。」

「編劇是我最焦慮的一塊，雖然也得過優良劇本獎。」他給自己的劇本功課是，每年奧斯卡的得獎劇本都會在網路上公布，他先研讀過劇本，再回頭去看電影，詳加比對，「我用的方法都是土方法。」

相揪吃美食，唱KTV，這些台灣年輕人習以為常的休閒方式，對他來說，太奢侈。來台十五年，他自己煮飯，沒有外食的習慣，只喝白開水，「剛來台灣時很想喝可樂，但五塊十塊都要省下來呀，後來就習慣不喝飲料。」

少數他會花錢買的東西，是書，但不是新書，是從二手書店淘來的舊書。他隨手指書架上的十幾本書，有米蘭昆德拉也有沈從文，「這些書是為了下一部電影，兩個月之內要K的。」買書，他的家裡卻不囤書，看完了就送朋友或賣回給舊書店。海綿仍然飢渴，書看完了，就徹底吸收進去，一生一世都是自己的，誰也帶不走。

涓滴攢下的兩百萬，可以到美國讀書，也可以幫家裡蓋大房子，他選擇後者，「父親早逝，母親和大哥一家、還有二姐一家，現在住在一起。他們在緬甸賺不了什麼錢，他們的小孩就是我的責任。」

訪談到了晚上，無預期我們會留下吃飯，趙德胤發揮清冰箱本領，快手做出五菜一湯，色香味俱全，做菜底子是以前在餐廳打工奠定的。屋裡每樣東西都井然有序，儘管翻開椅墊，底下是破出棉絮，不成套的沙發，「這屋裡沒有一樣東西要花錢買，都是撿來或者朋友所給。我之前幫一個舞蹈家拍片，背景是一塊豹紋圖樣的布，拍完我就拿來做椅套，我並不喜歡豹紋，純粹就是廢物利用。」廢物再生的家具，看起來成雙成套，毫無破綻，就像他低成本卻渾然天成的電影一樣。

影評人鄭秉泓說，「趙德胤是現今台灣最值得期待的新導演，《歸來的人》讓我想到侯孝賢《風櫃來的人》，有非常濃郁的鄉愁感。近十年台灣社會吸納為數眾多的外來移民、移工，他以外來者的觀看角度，抒發離鄉與返鄉的百感交集，豐富了台灣電影的多元性，也回應當前現況。」

《歸來的人》講一個在台灣打工多年，終於回到緬甸的遊子，心中的格格不入之感，有其自傳色彩。前幾年趙德胤因為入圍國際影展，以傑出專業人士身分取得台灣身分，他拍片之餘接廣告，每月寄錢回家。「我大哥很早就離家去挖礦，大姐、二哥偷渡到泰國，我爸媽曾因販毒而坐牢，家人四散。現在我回去，家人覺得我讀很多書拍電影很成功，很尊敬我，我有種強烈的疏離感。在緬甸就想念台灣的舒服與安逸，回到台灣，又覺得了無生趣，會懷念在緬甸拍片時因困苦所激起的爆發力。」

新作《冰毒》拍的是毒品。拉丁美洲的小說家馬奎斯曾說，「你們以為的魔幻，其實是我們這裡的真實。」趙德胤有同感，電影裡偷渡、人口販運、販毒的元素，他用一個詞概括：「家常。」他說，「種鴉片的人，辛苦採收後，走很久的山路，揹到城市裡交給雜貨店老闆，換取一些雞蛋和米，這樣就結束了。以前我媽運毒一次所賺的錢，只夠買一包米，沒有暴利，抓到後被關三年，那陣子我都會去監獄看她。」

「走進DVD出租店，世界上有這麼多好電影，根本不少我一個。是我自己需要拍電影來抒發，我的故事，家人的故事，只有我能說得出來。」

二〇一六年十一月・《報導者》

逃出來與出不去的人

趙德胤

「我非常喜歡杜思妥也夫斯基〈窮人〉這篇處女作，我會反覆重看，看他描寫一個小公務員，永遠在緊張他那顆鬆脫的鈕扣快要掉了，有一天他要去見長官，緊繃害怕到一種程度，鈕扣終於掉了，他覺得世界末日終於來臨。

因為〈窮人〉，我大學的時候才開始觀察細微的東西，在台北車站可以看到有些人很匆忙，搭配了一身套裝要來台北應徵工作，但是她一直在拉扯她的裙子。我可以從很小的地方察覺到人的尷尬，一個人在這個世界上和群體的格格不入。」

——趙德胤 二〇一六十一月

一、被換掉的人

走在台北街頭，和遠在緬甸臘戌的媽媽通微信（wechat），享用便利科技的同時，趙德胤想起小時候在緬甸的落後，常有種空間錯置之感。他這麼形容：彷彿在路上隨時會跑出一個陌生人，攔住他的去路，跟他說十六歲的那場僑委會考試分數算錯了，來台灣讀書的應該是另一個人。

一切要重頭再來，趙德胤來到台灣以後的種種成果，包括今年的金馬獎傑出電影人，通通要一筆勾銷。

「你命運裡的一個小小插曲，都會改變一生。」趙德胤說。

如果十六歲那場考試算數的話，在我眼前的趙德胤，可說是功成名就了。二〇一四年《冰毒》代表台灣角逐奧斯卡外語片，二〇一六年《再見瓦城》去了威尼斯，得到歐洲電影聯盟大獎，並在年底的金馬獎入圍最佳劇情片、導演等六項。雙喜臨門，趙德胤的另一部片《翡翠之城》也同時入圍最佳紀錄片。

十六歲來到台灣，今年三十三歲的趙德胤，在台灣生活的時間，剛剛超過了在緬甸的歲月。他的膚色，比我兩年前採訪他時要白了許多，也瘦了一大圈，參加國際影展時，常有老外追著他喊「Tony Leung」（梁朝偉）。在宣傳公司的建議下，上通告時他開始將自己打理得有型有款，一件講究質料的橄欖綠皮衣，低調的黑色衣褲，僅一條白邊鑲在高統靴底部，像踩著一道閃電，隨時要以光速前進。一身潮服，對於生活簡樸幾乎不買東西的他，已幾近奢華。在他身上，緬甸的痕跡越來越淡薄。

前三部長片的製作成本都在五十萬元以內，拍電影像是散兵打游擊。《再見瓦城》首次有了三千萬的資金，也用具票房的柯震東當男主角，加上林強的配樂、杜篤之的音效、泰國名導阿比查邦的美術班底，劇組人員從以前的小貓兩三隻，膨脹到上百人的團隊。

借了東風，萬事俱備，趙德胤這次要講的是，大姐的故事。

「劇本我早就寫好了，《再見瓦城》是實質意義上的處女作，劇本第一稿叫《蓮青》，是用寓言故事講我大姐早期偷渡到泰國，從邊境鄉村到曼谷有十幾道關卡，需要各種證件。」

如戲中由吳可熙飾演的蓮青一樣，泰國只是大姐的中繼站，台灣才是夢想地，跨越邊界偷渡到泰國的緬甸華人，多有個台灣夢。《再見瓦城》中非法緬甸移工的角色難尋，趙德胤印了徵人啟事，到全泰國非法勞工的聚集地去貼，來了上百人，試鏡變成聽故事，「有個臨演阿芝，對著鏡頭可以講兩個小時不停，講她以前在餐廳打工喜歡一個台灣男生。她以前沒演過戲，第一天開拍就可以來個大特寫，我只要跟她說，妳想想去不了台灣，她就會控制不住，淚流滿面。」

趙德胤的大姐，後來取得泰國身分，終究沒有去成台灣，台灣夢的最後一哩路，由家中最小的弟弟接力完成。當時到台灣花的仲介費，在緬甸可以買一棟房子，而趙家在緬甸，貧無立錐之地。

「我來台灣的那筆錢，很大一部分是大姐出的，百分之八十是她出的，她那時候在泰國存的錢幾乎全部給我。」

在釜城、柏林、威尼斯、鹿特丹等影展，趙德胤有另一個通行於國際的名字：「Midi Z」。「Midi」是咪弟、小弟弟的意思，家鄉人都這麼叫他，「Z」是英文趙「Zhao」的簡寫，是二十六英文字母的最後一個，恰巧與他的排行一樣。

在緬甸這個貧窮的國度，在家中的排序，像擲下一把骰子，關乎著命運的走向。咪弟在家中排行老五，上有兩兄兩姐。在這個赤貧的家裡，初中畢業的十五、六歲孩子，就必須出去找活路。大哥是長子，儒家傳統觀念深厚的父親不准他偷渡到泰國打工，於是北上礦場挖玉石。幾年後，大姐、二哥也偷渡到泰國打工。

身為么子，咪弟的十六歲較兄姐幸運許多，他只要全心準備僑委會的考試就夠了。母親特別借錢讓他去補習，咪弟卻只顧著和女生約會，或者和一群不愛讀書的朋友鬼混，讓家人傷透腦筋。

「平常沒有太多榮譽感，家裡太窮，考第一名老師永遠不會誇獎我。我的童年除了那些亂七八糟的朋友帶給我歡樂，再來就是上山挑柴時接觸大自然。」

趙德胤從包包裡掏出一本海明威的短篇小說集，書上滿是摺痕，看似翻了又翻。海明威的小說裡也有一個少年尼克，在叢林裡狩獵、在湖邊搭帳篷釣魚，「那個狀態很好，看他描述就覺得很平靜，工作滿檔時，看小說能讓你暫時逃離到另一個地方，坐捷運時拿出來看，是一種在車廂裡讓自己跟這個世界隔絕的方式。」

二、逃出來的人

鄉村生活並非與世無爭，在咪弟所成長位於緬甸東部的臘戌，靠近中國雲南邊境，長期是毒梟、叛軍活動的區域，軍火與毒品氾濫。

臘戌所在的撣邦，是緬甸最主要的罌粟種植地，許多提煉海洛因的工廠設置於此，已故的大毒梟坤沙（Khun Sa）即來自撣邦。在撣邦山區種植罌粟的多是窮困小農，直到二〇一三年，緬甸罌粟的種植仍達到五萬七千多公頃。

在這個化外之地，咪弟的童年充滿著光怪陸離，狐群狗黨中，有在中國殺了兩個人，逃到臘戌來躲藏的亡命之徒，在臘戌開了一間照相館，咪弟十三歲就玩ＦＭ２相機。當時他還不知道，影像不只可以拿來謀生，還可以成為藝術，像他日後得獎的那些電影。

有個朋友的家族在山區煉製安非他命，賺了大錢，在窮鄉僻壤，朋友家的名貴轎車綿延數公里，然而同時也有窮困的人家生了病沒錢看醫生。朋友嗑藥嗑得昏天暗地，家人禁止咪弟和毒蟲來往，把他關起來，咪弟不聽，跳窗出去。

「後來我看馬奎斯的小說，和我小時候的經驗一模一樣，但是在當下的人完全不覺得有什麼魔幻。」趙德胤說。

不羈的野馬在這是非之地，終究要跌落懸崖。咪弟十三歲那年，有個朋友的親戚從中國走私兩把步槍，帶著咪弟和朋友兩個小毛頭到山上打獵，回程時因為肚子餓，想趕著下山，沒走原來的山路，冒險揹著槍走大馬路，那天剛好臘戌軍區總司令出來視察，逮個正著，咪弟等人被上銬帶走。

非法持槍，在高壓統治的軍政府時期，可判重刑。

咪弟家裡窮，連電話都沒有，叫天不應叫地不靈。警衛說明天就要送到四十公里外受審，咪弟急中生智，用緬文跟警衛說，明天要考試，請警衛打電話給校長。警衛本來很兇，根本不把犯人當人，但他聽到咪弟一口上流階層所使用的緬文，一時朦住了，照咪弟所講去做，校長的電話接通，咪弟和朋友莫名其妙被釋放。

「人要出事根本擋不住，」多年後趙德胤安穩地坐在台北的工作室，跟我說他如何脫險，「還好父親逼我在學校學好緬文，」父親的士大夫情懷，再窮都要借錢給孩子讀書。

咪弟過人的膽識，以及快速適應陌生環境的野獸本能，日後在他拍電影時幫上很大忙，「環境逼得你要學會談判，我拍片時，是很強悍的。」

「十四歲那年我大姐寫信回家，說我一直出事情，要我偷渡到泰國，讓她照顧我，要不然就考試來台灣。來到台灣之後，我青春期的躁動就沒有了。」

生於一九八二年的咪弟，有個歷史的偶然，他生在一九六二年軍人政變鎖國的二十年後，民生凋蔽，遍地貧窮與饑饉。

一九八二年，軍政府還頒布公民法，唯有在一八二三年之前就定居於此的民族後裔才能享有完整的公民權。印度及華人移民的後代，無法取得護照或身分證，沒有遷徙的自由。信奉穆斯林的羅興亞人被打壓尤為慘烈，二〇一五年五月，上萬名羅興亞人不堪虐待出逃，在怒海上載浮載沉。

唯有離開，才有未來可言。先出來的大姐，用打黑工的勞動身體，為咪弟一寸一寸鋪好離家之路，「一九九八年四月台灣通知我考上了，那時候我極度喜悅，終於可以離開緬甸這個國家。」趙德胤說。

《再見瓦城》像是成年後的咪弟寫給大姐的家書，他用鏡頭重走一遍大姐偷渡的幽暗之路，在十一月七號受邀回到緬甸公開放映，突破緬甸長達五十年的禁映令，趙德胤說，「這部電影在講這個國家多慘，使得人民要偷渡出去，以前這樣的電影絕對不可能放映，這次居然由緬甸的電影局長審批通過，還邀翁山蘇姬來觀賞。」

即使在偷渡多年之後，終於取得身分，惘惘的威脅一直都在，趙德胤說，「演雇用洗碗工餐廳老闆的，其實是我二哥旅遊公司的合夥人，也是緬甸來的華人，這些人都曾經歷偷渡過來要面對證件問題。演到雇用非法員工的戲，他說以前我也是沒證件的人，會不會敏感？電影上映警察會不會看到？我說不會啦，這是劇情片不是紀錄片，而且也不是演這個餐廳老闆沒證件。但他會接著說，我也雇用過沒證件的黑工。」

「拍這樣的電影，沒有來自緬甸的鄉親拍不了，需要他們的磁場來加持，痛苦、故事都在他們身上，他們以前都曾為證件所苦，他們站出來，氛圍就出來了。」

三、出不去的人

同樣在今年入圍金馬獎最佳紀錄片的《翡翠之城》，趙德胤填補的是大哥十六歲離家後的空白。大哥和後來已取得泰國公民身分的大姐、二哥不同，大哥是出不去的人。

大哥是長子，大咪弟十六歲，一九八二年，咪弟剛出生，還未成年的大哥就收拾行囊，身上帶的錢只買得起站票，足足站了幾天幾夜才到玉石礦區。

大哥去的地方是北邊的克欽邦，蘊藏緬甸境內最豐富的玉礦，最大的礦山在帕敢（Hpakant），是世界上推土機密度最高的地方，經年累月開挖，每隔一段時間就會有整座山丘消失。二〇一一年緬甸的玉石出口價格高達八十億美元，這些錢大部分落入緬甸軍方手裡。

暴利之下，在礦區工作的薪資卻相當微薄，工頭通常只提供路費，挖了幾年玉石仍一無所獲，是常有的事。這是一場機率低微的賭博，因為前途無望，賭徒仍把全副身家都押下去。趙德胤說，「臘戌的人講起這個地方，眼睛都會睜很大，窮人要翻身，就要去這個地方。這個地方是罪惡之地，都是吸毒、詐騙、犯罪，在那裡毒品很便宜，你會看到上千人在注射海洛因。」

大哥從一九八二年十六歲離家開始，在罪惡之地待了二十二年。

大哥曾有短暫離開的機會，那是在一九八七年，大哥曾離開玉礦，先偷渡去泰國打工，再從中國走私藥品回臘戌，開了一間藥店，家中經濟大幅改善。好景不常，一九八八年爆發學潮，翁山蘇姬帶領抗爭，接著學生被軍方鎮壓，翁山蘇姬被軟禁，國家動亂，大哥的藥店倒閉，家又回到一貧如洗的原點。

國族的動盪，帶來的是家族的厄運，然而也不全是厄運。二〇〇三年，翁山蘇姫遇刺，軍政府為了封鎖消息，所有的攝影器材都不能通關，因而擋下了緬甸毒蟲朋友託咪弟在台灣買的那支DV。省吃儉用的窮僑生，因為這個歷史的偶然，才有機會把玩十幾萬元的昂貴「玩具」，玩著玩著上手了，日後遂拍起電影。

回到一九八八年，大哥的藥房倒閉之後，逼得母親不得不幫房東運毒，從臘戌搭了三天三夜的火車，運毒到茂岡，可拿一大袋白米。母親為了販毒還找了一個鐵匠打造便當盒，裡頭有夾層，上面裝飯，下頭是毒品，儘管如此，只成功了一次，後來就被捉到。

母親坐牢，大哥為了援救親人，一九八九年又收拾行囊回到玉石場，那萬惡的淵藪。一九九四年，大哥在玉石場音訊全無，沒寄錢回來，家裡越來越困難，大姐於是也走上了萬分艱險的偷渡之路。

「那幾年寫很多信給你，你都沒回過，為什麼？」

「在玉礦賺不到錢很沮喪，抽了鴉片。沾上了，賺多少錢都沒用。」

——《翡翠之城》，咪弟問大哥答

二〇一三年底趙德胤跟著大哥重回帕敢玉石場拍紀錄片，當時正值邊境的果敢叛軍與緬甸政府軍作戰，位於戰火區的玉石場於是暫停開採，大哥覺得這是千載難逢的好機會，儘管隨時會被戰火波及，但平時掌握在大企業手中的採礦權終於鬆綁。大哥不像大企業有錢買重機具，只找了一些工人到那裡，一鏟一鏟地挖。

「《翡翠之城》比較直覺地去認識大哥，拍完有比較認識嗎？其實也沒有。他對玉礦還有夢，我從旁理性地看，他的夢完蛋了、不可能了，但他就是一直作夢，我跟我哥講，玉礦沒有夢了，你要面對，他反問我：我覺得你們拍電影才是一種很消極的夢。」趙德胤說。

影片中，咪弟一開始會質問大哥，為什麼要吸毒？在拍攝過程中，趙德胤得了瘧疾，忽冷忽熱非常難受，我問他會為了緩解痛苦去吸毒嗎？他說，「一定會，那個地方我如果繼續待下去，一定會去嘗試。」

「鄉愁、孤獨、失意、貧窮、絕望、戰爭、瘧疾圍繞著他們，寒冷的冬天，潛下冰冷的河底挖玉石，因為水壓，上岸後流鼻血，想家想發財想未來想玉石，想到發瘋，想到晚上睡不著。拿著老闆遞過來的鴉片，慢慢抽著，才能平靜睡著，第二天醒來，繼續潛入河底挖玉石。」

——《翡翠之城》，咪弟口白

紀錄片的鏡頭，瞄準大哥及其他挖玉石的人，鏡頭外遇見軍人來盤查，黑畫面一片，只剩聲音，「他們想要摩托車，對相機不感興趣，花了緬幣六萬，全身而退。」趙德胤說，「緬甸的叛軍比正規軍更兇狠，非常霸道和野蠻，因為他們沒有國際制裁的觀念。打仗時如果你拿相機去拍照，叛軍會說你是間諜，把你殺掉。這次我們去玉礦拍紀錄片，就是連相機都帶不進去，但有人的地方就有辦法，給錢，找人保護。實際上沒有那麼恐怖，但是出事情就很恐怖，要付出很高的代價，金錢或是生命上的。」

在邊疆戰區拍紀錄片，和大哥潛水下去冰冷的河底挖玉石，哪一樣比較玩命？區分難道只是前者為藝術，後者為生存？

大哥是「出不去的人」，如果排序倒過來呢？如果趙德胤不是咪弟，而是排行老大，要先犧牲自己餵養弟妹。又或者一九九八年的那場決定性的考試少了幾分，趙德胤來不了台灣，只能留在緬甸，他也會像大哥及許多挖玉石的同鄉一樣沉淪嗎？到底命運賭盤上，被抽換掉的人生，是哪一個？

《翡翠之城》裡大哥見咪弟拍個不停，忍不住說了一句，「拍片的人比我們吸毒的人更入迷。」

在另一個錯置的時空，家人不懂他的癮頭，一如他從前不懂大哥的吸毒，「金馬獎入圍，我在緬甸的親戚都會問，噯呀，那樣咪弟一定很有錢，一定會有很多獎金，有人會問金馬獎是黃金做的嗎，如果他們知道沒有獎金，會說拿這個獎幹嘛？有什麼用？」

咪弟三歲時，大姐得了腦膜炎，在醫療資源匱乏的緬甸幾乎是絕症，但後來居然奇蹟地康復。家中為了慶祝，做法會請鄰居吃飯，在煮沸的大鍋裡炸肉丸子，難得能吃到肉，咪弟去偷肉丸子，被嚴重燙傷，爺爺用鴉片舒緩他的痛苦，整整躺了一個月才好。

我問趙德胤，有什麼副作用嗎？他說完全沒影響，還是健康長大。但會不會其實，咪弟的鴉片癮頭一直還在、沒斷，只不過不在毒品，而在電影的世界裡。

二〇一二年九月

春風少年兄

文夏

和文夏約好採訪的這一天，天氣十分炎熱。正午從捷運站走出來，沿途沒有一絲遮蔽，上有烈日灼身，下有柏油燙腳，抵達約定的音樂協會辦公室時，我已經差不多熟了，開始有點擔憂，這麼赤毒的日頭，讓一個八十四歲的老年人出門赴約，真是太折煞人。

沒多久，我的擔心便顯得多餘了。身著牛仔裝，腳踩氣墊鞋，一身少年勁裝打扮，啪哩啪哩的文夏走進來，見到攝影記者手上的相機，便中氣十足地抱怨，「怎麼沒甲阮說要拍照，阮沒畫妝耶。」接著他便向一同前來的妻子文香拿了化妝包，又問工作人員要了一面鏡子，避開我們，找了一個僻靜角落撲粉、塗唇、細細描眉。

文香說，「我不需要幫他張羅，他的衣服都是自己逛西門町買回來的。」敬業的老派藝人不假手他人，通通自己來。他上妝時不讓拍照，我只能以眼角餘光偷偷觀察，那情景彷彿時光倒流，窺得舊日歌廳後台，粉墨待登場的一刻，有一種不容打擾的莊重氛圍。

今年甫獲金曲獎特別貢獻獎的文夏，出過近百張唱片，灌錄一千兩百多首歌曲，開過上萬場演唱會，紅遍好幾個十年。往昔在歌壇有「北洪一峰，南文夏」的說法，當年一起主宰歌壇的洪一峰已於兩年前去世，只比洪一峰小一歲的文夏，今年十月又要開大型演唱會。我問他如何準備？「已經唱好幾十年，不用特別練了，阮ㄟ聲比以前還好」，他說得稀鬆平常，原來十幾歲時到日本學聲樂就打下好基礎，「一天要發聲八個鐘頭，不覺得苦，感覺就爽快呀，聲音變得今大聲，整間厝攏ㄟ響。」

之所以能去日本學音樂，因為文夏從小家境富裕，家裡本來開銀樓，國民政府遷台後禁止私人買賣金子，後來母親到日本學洋裁，回台南後開班授課，學生有上萬人。父親則經營布行，後來當上台南市布業公會理事長。家裡信仰基督教，時常上主日學唱聖歌，當時叔叔從日本回來，發現文夏的歌唱天賦，有意帶他赴日跟知名聲樂家宮下常雄學聲樂、作曲，「阮媽媽問阮想不想去。阮今勇敢，蝦米攏抹驚，阮就說好。」

在日本學了三年音樂，因為父母想要他學商繼承家業，高中時便回來讀台南的商業學校。然而音樂路未斷，讀高中時，文夏和同學自組樂隊到晚會表演，「日本人回去後，台灣沒人會做唱片，那時廣播電台也沒唱片，就叫阮去現場表演然後錄起來，台南放完輪嘉義，嘉義放完輪台東，所以是全台輪播。」高中沒畢業就出道，當年就是風雲人物，「阮上學的時候，隔壁女中的學生都假裝出來掃地，其實是要偷看阮。」他很自豪地指著以前斯文俊俏的照片給我看，「阮以前生尬這款」，好人家出身的文夏現在還是很愛美，他一直半開玩笑地威脅攝影記者，「要尬阮照得卡水。」

文夏可說是全才型藝人，除了演唱之外還作詞作曲，高中時作曲，創作第一首歌〈漂浪之女〉；後來以筆名「愁人」作詞的〈媽媽請你也保重〉、〈黃昏的故鄉〉、〈彼個小姑娘〉

等，至今仍傳唱無數。一九四九年國民政府遷台，一九五一年台灣開始出現幾家小型的唱片工廠，過幾年台灣自製唱片的技術成熟，在一九五七年，二十九歲的文夏推出台灣流行歌壇第一張可收錄八首歌的黑膠唱片，在當時大為轟動，可說是台灣流行歌手的鼻祖。

家境優渥，長相俊俏，又多才多藝，所有好處集於一身，理當就此一生順遂。唯有一樣東西無法與之抗衡：生錯了時代。一九六〇年，文夏三十二歲，正值創作力最旺盛的年紀，他的〈媽媽我也真勇健〉、〈媽媽請你也保重〉等歌曲相繼被警備總部以「思鄉情怯，擾亂軍心，減損士氣，阿兵哥不能想媽媽」的理由查禁，一禁禁了三十年，直到一九八七年解嚴後才解禁。

據禁歌史研究者李坤城的研究，在台灣戒嚴的三十八年間，歌曲被禁最多的就是文夏，一共被禁了九十九首歌曲。講到禁歌，訪談間一向斯文的文夏不免動氣，「所以台灣人和外省人ㄟ冤仇，絕對不會好，永遠也不會好！」諷刺的是，「那時候共匪有在調查台灣ㄟ事，知道台灣人攏愛聽阮ㄟ歌，金門ㄟ兵離大陸近，聽得到廈門電台，共匪為了要統戰，攏放阮ㄟ禁歌。」

除了禁歌，國民政府來台後為了推行國語，有種種政策，一九六二年台視開播，能上「群星會」歌唱節目的都是國語歌手，而後一九七六年新聞局「廣播電視法」規定，各家電視、廣播一天只能播兩首台語歌。台語歌的生存空間幾乎滅絕，我問文夏不會想改唱國語歌嗎？他爽快地說，「阮沒差，電視攏他們ㄟ，阮就唱戲臺，和他們無關，多快樂！」

一九六二年到一九七二年，文夏總共拍了十一部台語電影，「大家攏愛看阮，但電視看不到，廣播嘛聽不到，我只能拍電影，然後再隨片登台開演唱會，電影放一小時，演唱會一個半小時，我開敞蓬車帶著文夏四姐妹全省巡迴，很拉風，余天看到阮這麼趴，才決定要做歌星。」妻子文香是當年和文夏組樂隊的四姐妹一員，她說，「那時候隨片登台常常引起轟動，有一次戲院的玻璃門還被人群擠破。」

七〇年代台灣引進香港邵氏彩色片，黑白的台語片從此式微，從一九七二年開始，文夏夫婦轉往日本表演。文香說，「簽證一次是兩個月，一年可以申請三次，就是半年。我們半年在日本，小孩托我媽在台灣帶，我們在日本要很省吃儉用才能寄錢回來。半年在台灣，那時候民風保守，沒什麼廟會的演出機會，有時一個月接不到一場，真的很苦。」文夏接受的是日本教育，日語十分流利，在日本表演時，卻因為日語太流利，被人懷疑他是假冒的台灣人，要唱台語歌來驗明正身，文夏苦笑說，「很諷刺，在台灣我不能唱台語歌，到了日本，卻要唱給一群聽不懂的人聽。」

身處時代的夾縫，語言先來後到的過程是，一九二八年生於日治時代，小時候在家裡講台語，在學校說日語。一九四五年日本戰敗，還是高中生的文夏，才開始學國語，遲到的語言，反而成了他一生的刺痛。他定居台北多年，我問他國語講得如何？他有點動氣，問我，「國語說阿內兜ㄟ賽呀，要不然愛按怎。」

我算算一九四七年二二八事件時他剛滿二十歲，問他有印象嗎？他突然尖銳了起來，「有呀，當然有印象呀。白色恐怖，這一句，全台灣兩千四百萬人，只有阮知影意思。這個詞每個人都會說，但為什麼不是紅色、黑色，而是白色，拎攏不哉，阮不要說。」

「阮不要說！」重複了好幾次，此時的他就像個緊緊關住的蚌殼，越是要撬開他，就闔得越緊。特別坐在他對面的，是一個台北外省家庭出身，台語說得零零落落的記者。卻顧所來徑，語言挾帶著身世與血肉，從來就不只是溝通的工具，但另一方面語言又是工具，是極權國家鞏固自身，消音異己的絕佳工具。

隔幾天，我們來到台中縣的太平運動場，一場夏日音樂會，文夏壓軸登場。等待上台時，工作人員不時要攔住直闖後台的熱情民眾，「阮爸爸媽媽攏愛聽你ㄟ歌，阮細漢時攏聽你ㄟ歌。」熱切地講著這些話的，都是看起來四五十歲的人了。文夏站上舞台，首先說的是，「要聽阮ㄟ歌有一個條件：阮要長壽，拎也要長壽。」

八十四歲的文夏，和齒搖髮禿還沾不上邊，他拉拉頭髮，敲敲牙齒，跟我表示這些都不是假的。問起他的養生之道，居然是喝高粱酒吃麻辣鍋，席間文香招呼大家喝咖啡，文夏要了三包砂糖，通通倒進去，他頑皮地笑說，「糖加太多，湯匙都攪不動了」。他至今的生活模式仍十足「青春」，時常一個人跑去西門町看電影，聊起最近的電影，《轉生術》、碧娜鮑許的舞蹈紀錄片，他皆如數家珍，「阮是西門町走最快ㄟ人，因為要趕場呀。」這天他穿了一件窄版七分袖西裝外套，是電視上韓流花美男常穿的款式，也是他逛西門町買的，他得意地笑說，「撿到便宜，這一件才三百五。」問他為什麼都不會老，他寫給我四個字，「暢遊人間。」

文夏向我抱怨，現在雖然時代開放，不再禁歌了，但有什麼用，他那一輩的歌者都老的老，死的死。而八十四歲高齡的他活著，長壽，健康，青春，活力，彷彿就是對過往威權最有力的控訴。

後記

文夏演唱會舉辦的前夕，突然傳來演唱會資金被協辦單位侵吞八百萬元的消息。文香說，「文夏老師非常生氣，投資者早就把錢匯給協辦單位，這個人一直拖拖拉拉，最近才說錢拿不出來，消息見報後還說要告我們。現在只能靠一些朋友不收錢義務幫忙，演唱會才能繼續。」言猶在耳，我想起文夏跟我說他的生日是五月二十日，二〇〇〇年見證政黨輪替，他覺得是天意，「阮是打不死ㄟ台灣人，越挫越勇。」

不睡覺的人

二〇一三年七月

詹朴

六月的倫敦，吹來的風依然寒凍刺骨，我們拉緊了衣領，跟在詹朴後面去市集買布。詹朴身形纖瘦，一襲黑衣襯出可見微血管的皮膚更加蒼白，走在倫敦街頭像一抹飄忽不定，隨時會被強風捲走的幽靈。

今年二十七歲的詹朴是PC home董事長詹宏志和作家王宣一的獨子，去年九月剛從英國皇家藝術學院女裝碩士畢業，隨即獲選今年二月參加倫敦時裝週走秀，得到廣大矚目。走在異鄉街頭，詹朴背著一個樸素的布包，幾天下來總是穿著同一件黑外套，隱去上億身家背景，像個在倫敦省吃儉用的窮學生，買布、搬貨通通要自己來，「倫敦物價太高，平常搬衣服扛布料也無法坐計程車，只能很克難的拖著行李箱去搭巴士。」

詹朴在倫敦的租屋處位於長廊的盡頭，沿途傳來嗆辣的印度咖哩味，還有個全身罩黑只露出眼睛的伊斯蘭婦女盯著我們瞧。這一區住的多是新移民，應該是房租較廉宜的地區，但詹朴說，「最簡陋的雅房一個月也要四百英鎊（約兩萬台幣）。」他租了一室一廳，狹長的客廳就是工作室，窗邊擺著一台針織機。他苦笑著說，「這裡冬天也沒暖氣，連洗碗精都會結凍。房東什麼也不管，修理東西都要自己來。」

倫敦時裝週在四大時裝週（另外三個是巴黎、米蘭、紐約）中，最鼓勵創意和新秀。時裝週後詹朴自創品牌，成為獨立設計師。所謂「獨立」就是校長兼撞鐘，大大小小的事都要一手包辦：算帳、談贊助、找原料，要開始半年後下一季的設計，還要處理上一季的訂單。

詹朴在倫敦從事時尚行銷的朋友 Chloe 說，「很多設計師一開始就會被現實給打敗，但他很會在夾縫中找資源，不像他這個年紀能做到的事。他的抗壓力很高，事情來了就做，很少抱怨。他長期睡很少，好像從來不會感覺疲累，而且好像沒有飢餓感，常常會忘記吃東西。」旅英多年的時尚顧問徐震說，「絕大部分的設計師在上秀的前一刻，還在後台改衣服，但詹朴是在前一天就把所有事情都做好，讓人刮目相看。」

來到倫敦這幾天，詹朴時常凌晨五、六點才寄信給我，早上還是精神奕奕地依約前來。其中一天因為要趕給倫敦時裝週審核的設計圖，他一夜沒睡，隔天早上十點打來說他已經交了圖，沒事了，問我們今天有沒有想去哪裡拍照？

詹朴沒有想像中富二代的驕縱與倨傲，考上大學的那一年，母親王宣一帶他去四川涼山的麻瘋村當義工，王宣一說，「我們住在當地教室，沒水沒電，他完全不以為苦，每天都陪麻瘋村的小朋友打球、玩耍、畫畫。」詹朴唸輔大織品系時，學校安排到廣東的紡織工廠實習一個月，他說，「一個月後我還意猶未竟，後來請老師介紹，每個暑假都去不同工廠實習。」一整天待在工廠裡不會很枯燥嗎？「不會，在工廠老師傅的身上學到很多技術，對我後來的幫助很大。」

對於獨立設計師而言，籌資金找贊助是個艱鉅的難題。但時裝週時，詹朴首先在倫敦找到珍奶調酒的飲料贊助，才第一季他就開始接訂單跑工廠，生產方面又找到了紗線的贊助，「也會常常碰壁，要多試多問，有時也不只是金錢的幫助，例如工廠在淡季時會願意借你機器，或者能幫忙訂紗線。」

困難在詹朴這邊，總特別容易迎刃而解，彷彿一天有四十八小時，或者有三頭六臂？他單薄的身體裡有一股鋼鐵般的意志力，很難讓人不聯想到詹宏志，「父親曾給你營運方面的建議嗎？」本來溫和的詹朴聲音忽然尖了起來，「不同的國家和領域，他完全沒辦法給我任何建議呀。」會給你金錢上的資助嗎？「當然不會，爸媽要我自己去想辦法，覺得如果我不行就應該被自然淘汰，不應該有外力介入。」

他習慣性地會去摸摸耳垂，左耳穿了一個耳洞，是高二和一群同學因為好奇去穿的，「被教官記了一個小過，但我媽一點也不大驚小怪，只要求我要注意衛生。」他的獨立時代很早就開始了，在家裡沒有任何管教與束縛，「因為喜歡畫畫，大學時選填設計科系，也沒怎麼問爸媽意見。」

詹朴在皇家藝術學院的同學賴柏志說，「他從來不主動提家世，我是鄉下小孩，沒什麼

攝影 蔣煥民

背景，但他對我很講義氣，我之前比賽沒得名，有些朋友會冷嘲熱諷，結果詹朴就跑去當面教訓那個朋友，他平常是那麼纖細、溫和的一個人。」我慢慢可以理解，詹朴的朋友為什麼很難不喜歡他。他聽到我們是第一次來倫敦，就說要來接機，還帶我們坐地鐵辦電話卡。閒聊間我說嘴唇乾裂，他說某牌的護唇膏很好用，怕我認錯牌子，隔天馬上去超市拍了照片寄來。

他的朋友異口同聲說，他對每個人皆如此。工作室的牆上貼滿了朋友寄給他的卡片、感謝小紙條。在競爭激烈的倫敦，友情成了他最大的奧援，「時裝週時朋友幫我攝影、做走秀音樂、在前台接待、在後台打點，全部都是義務幫忙。在這裡很容易培養出革命情感，我還蠻喜歡跟大家一起打拚的氛圍。」

詹朴喜歡黑色，他設計的衣服有絕大部分是黑色，他說黑色很低調、神祕，正如同他給人的感覺。這一天我們陪著他去送衣服，他拖著行李箱在石板路上發出空隆空隆的聲音，沒多久就覺得不自在，他用細瘦的手臂吃力地提起行李，走了好一段路。在詹宏志之子的光環下，他是那麼抗拒引人注目。

御光而行

二〇一四年五月

李屏賓

六十歲的李屏賓滿臉鬍渣，略顯凌亂的中長髮，像是起床後只用手順一順。他身形高大，軍綠夾克是幾年前在紀錄片裡看他常穿的那一件。拍戲時他總掛著一個腰包，塞滿各式工具，像個水電師傅，會讓人忘了他是國際聞名的電影攝影師。

李屏賓曾破紀錄五度獲得金馬獎最佳攝影，也曾獲亞太、坎城、南特等影展獎項。今年二月，他以法國電影《印象雷諾瓦》(*Renoir*)獲美國電影攝影師學會提名第一屆聚光燈獎，是電影攝影界最高殊榮，並獲法國凱薩獎提名。

這天他剛下飛機，臨時打電話問我能不能將採訪提前。他這次回來拍觀光局的片子只能停留三天，接著要先回洛杉磯的家，和太太一起飛巴黎參加凱薩獎，待兩天再回洛杉磯，接著飛福建拍片。幾近全年無休，在歐、亞、美洲之間飛來飛去。大鬍子、膚色黝黑的李屏賓又像是騎著駱駝在沙漠中游牧的貝都因人，跟著綠洲遷徙，他的綠洲，就是電影。

小時候他常趁母親不注意，溜出去看電影，「跟著一個大人的屁股就混進去，當時我覺得很奇妙，怎麼一塊布上能有光影流動，回來母親就會叫我罰跪在父親的遺像前。」

父親是軍人，在八二三砲戰時受重傷，去世時，李屏賓五歲。李屏賓在五個小孩中排行第三，母親賣菜、幫人洗衣養活全家。十歲時，李屏賓離開高雄鳳山的家，到台北木柵的國軍先烈子弟教養院寄讀。「母親不想任何一個孩子去，但我看到她養家太辛苦，我哥個性太老實，弟弟又還小，我就自告奮勇要去，一直待到高中畢業。」

「想家時，我就寫信給母親，沒有照相機，就在信上畫自己的人像。」寒暑假回家，李屏賓買五毛錢的月台票，「躲在廁所、兩個椅子的夾縫間，一路逃票回鳳山。」日後他拍攝侯孝賢的《珈琲時光》，因日本法令嚴苛，無法申請在電車中拍攝，「我們就偷拍，好幾次很危險，侯導又堅持要重拍，可能我小時候逃票逃慣了，觀察力敏銳，居然都沒被發現。」

李屏賓和侯孝賢是黃金組合，共合作十部電影，第一部是《童年往事》。李屏賓自身的童年也像電影情節，他是不得老師喜歡的壞學生，「晚上翻牆出去買菸，回來時沿著水管爬上四樓宿舍。」教養院裡弱肉強食，適者生存，他有俠義之風，常去倉庫偷蛋糕分大家吃，受罰也無所謂。

「有一次我帶五個同學從教養院逃走，一路睡在涵管、碉堡。老師追我們到通霄，把每個人的母親都找來，用擴音器喊話。我們躲在稻田裡，聽到媽媽的聲音忍不住就走出來。」李屏賓突然回神過來，「之前訪問從來都沒說過這些，以前幹過太多壞事，真的不能再說了。」

高中畢業後考上基隆海專，「我小時候離家太久，不想跑船，看到中影在招考，那時有兩千人報考，只錄取二十人。」李屏賓不愛讀書，初中三年用不完一支原子筆，「我偷看左邊，再偷看右邊，恰巧看到都是對的答案，好像有天助。」

如今我們很難想像，如果他看錯了一個答案，當不了攝影師，侯孝賢還是侯孝賢嗎？王家衛的《花樣年華》、許鞍華的《女人四十》、陳英雄的《夏天的滋味》、是枝裕和的《空氣人形》，會不會不一樣？

中影的訓練十分嚴格，做學徒拔草、擦機器……什麼雜事都要幹，「當時我對紀律很反感，但這些基本功磨練，對我以後很有幫助。」當上攝影師後，剛好碰上寫實風格的台灣新電影，「我學攝影時都是一萬瓦的大燈，亮麗飽滿，但把原本環境中的自然光影都破壞掉。我當助理時就偷偷把光打得自然一點，師傅不曉得我動了手腳，所以我現在也鼓勵助理在我背後動手腳，要多方面嘗試嘛。」李屏賓眨眨眼，嘿嘿笑。「拍《童年往事》時，我在現場幾乎不用燈，用自然光，從來沒人敢這麼做。」

影評人藍祖蔚說，「李屏賓和台灣新電影的關係密切，王童的《策馬入林》和《稻草人》都由他掌鏡，他更是侯孝賢的重要夥伴。他獨特的詩化影像，如《戀戀風塵》中的山嵐，《稻草人》裡榕樹下的陰影層次，豐潤了電影，讓台灣新電影迅速成為國際影壇的注目焦點。很少有攝影師能像他兼具詩人的慧眼，以及藝匠的工法，有思想又有技術。」

關掉強光，才能真正看見風吹過樹梢，天邊遊移的雲，一片旋轉舞動的葉子，花叢間篩落的光影……。李屏賓喜歡觀察自然，那是他養眼的方式。他也喜歡看中國水墨畫，看潑墨山水裡的層次感，「李可染用黑色表現大地、山林、天色、磅礡氣勢，光是黑色，裡頭還有不同的黑色。」

在他的鏡頭底下，要風有風，要雲有雲，時常有許多神乎其技的魔術時刻，「拍《春雪》時，有個鏡頭是長廊上掛滿布幔，我說如果有陣風就好了。導演（行定勳）問要不要用風扇吹，我說不用，我觀察一陣，一開機，風就來了，工作人員都覺得不可思議。」微物有神，萬物含情，「《最好的時光》裡有間迪化街的老房子，年代不太符合劇情，但房裡有塊很美的老玻璃，我跟侯導說：這塊玻璃等了你六十年，你不拍嗎？」

侯孝賢曾說，「我常給他難題，譬如拍《戀戀風塵》，雲一來，雨一來，我臨時改幾場戲就要拍，我隨時在調整，但他每次都可以接招。拍《戲夢人生》，我一天到晚說太亮，要暗，其實他的測光表已經測不到指數，沒得感光，他都說好啦可以啦沒問題，他總會做得到，這樣會讓我更大膽，更心無旁騖去創作。」

在歐洲拍戲不多的空檔，李屏賓喜歡逛舊貨市場，尤其喜歡陶瓷。「我覺得燒窯和拍電影很像，都要經過漫長的等待，才能看到成品。」由於總是不按照標準規格來，在國外拍片時因為語言不通，常會遇到質疑，「曾經有法國製片對我很不諒解，等到拍攝結束，看到成果，所有的委屈真相大白，製片才寫信跟我道歉。」

一九八八年，他從中影借調到香港拍片，電影還有一個月才殺青，中影卻要他馬上回台報到。「我只好辭職，待在香港發展，人生地不熟，我又把之前賺的酬勞全部弄丟，但在哪跌倒就要在哪站起來。」在香港不能只拍藝術片，許多人不知道李屏賓也拍動作片，《痞子英雄》就是由他掌鏡，導演蔡岳勳說，「我第一次拍電影，賓哥一個人就幫我穩住全場。他調動鏡頭的靈活度，沒有傳統動作片的粗豪，增加了細膩，他讓動作片產生一種氣度。」

在香港待了十一年，終於站穩腳步，又因為兒子要唸小學，在台灣認識的美籍妻子不願讓孩子在亞洲受填鴨式教育，於是舉家遷到洛杉磯，「早期我是台勞在香港工作，現在我是台勞在世界工作，我要不斷精進，讓人家覺得再遠找我也值得。」資深場務王偉六說，「他的檔期通常都排到兩年後，有時忙起來，一整年都回不了家，太太都快翻臉。」二〇〇〇年李屏賓因《花樣年華》得金馬獎，上台領獎時，看轉播的兒子賭氣把電視關掉，不想在螢幕上看見總是不在家的父親。

太太會希望你早點退休嗎？李屏賓說，「長期聚少離多，早退休回去也會打亂家人的生活步調。電影圈不談退休，只要半年沒接到電話，其實就被淘汰。忙起來很緊湊，但一直沒接到電話，也會恐慌。」

不能常陪伴老母親，李屏賓也覺得愧疚，他的合約有一條但書，只要他在亞洲工作，寧

攝影 林韋言

願多一次轉機，一定要經過台北，為的就是母親。

會不會想多接一些台灣電影，好方便回家探親？「不是我不喜歡台灣電影，而是我在國外的工作量足夠，沒必要回來佔別人的位置。我接了，同行就少一個工作。」年輕時他曾將工作機會讓給好友，才陰錯陽差接下《童年往事》。儘管已光芒四射，李屏賓總習慣收斂自己，「微弱的光影一直在那裡，你要看得到，它才會存在。」

二〇一一年四月・北京《信睿》雜誌

其人其事 侯孝賢

賈樟柯關於昔日上海的紀錄片《海上傳奇》來台灣取景，特地為每個受訪者，選了一個特屬的，別有深意的背景。關於侯孝賢，他選的是過山洞的平溪線小火車。侯孝賢的電影《戀戀風塵》裡，從小一起長大，青梅竹馬的男女主角，家就在平溪線火車的鐵道旁，上學通勤需依賴火車。

火車的行進，自有一種舒緩勻調的節奏，與侯孝賢的電影十分合拍：昔日沒落的煤礦小鎮、離鄉背井的苦澀、無疾而終的愛情……，彷彿都會在那一晃一搖的規律振幅中被抹平、撫慰。

在台北，侯孝賢不開車，不騎摩托車，也沒見過他騎腳踏車。

他日常的行進動線，大約是步行加上捷運，有幾次，在下班時間，人潮十分洶湧的時候，我和他一起搭乘捷運，南港線轉乘新店線，需在台北車站轉車，這一站通常是人流最為洶湧的輻輳之地，在人群的簇擁中滾滾前行，很容易就感到心浮氣躁。

在南港站等車的時候，他會先算好第幾節車廂，他固定坐這節車廂，到站時，門一開，很快就能接上電梯，搶在人龍打結前，先一步逸逃開來。上樓、下樓、左彎、右拐，捷運台北車站的動線紊亂繁複如迷宮，但侯孝賢行色從容，步履快慢適中，他自有他的節奏，絲毫沒有被迷惑、打亂。

我住台北多年，平時自己搭捷運，從沒這麼順暢過。跟著侯孝賢走一遭尖峰時刻的台北車站，忽然就領略了，《莊子》中的庖丁解牛，那極其扭結難以處理的經絡骨節，瞬間便「謋然已解，牛不知其死也，如土委地」。也像在武俠小說中，被內力深厚的高人提著走，行雲流水，凌波微步，不費絲毫力氣。

這輕易，這順暢，取決於侯孝賢的一種能力，對於現實環境的敏銳觀察。

在台灣，拍電影就像打游擊戰一樣，得按現實條件隨機應變，馬上調整：川流不息的路人，突然疾駛過來的小貨車，騎樓一個賣皮包的小販，晴天雨天，甚至颱風下雨打雷……，都是沒有辦法清場、排除在外的。有一本關於黑澤明的書叫做《等雲到》，曾經和黑澤明導演合作的電影夥伴，提到黑澤明曾經只為了天空中雲的形狀，不是他要的樣子，乾脆停機，足足等了幾天才拍攝。

侯孝賢則相反，在他的電影裡許多渾然天成的部分，大多並不在原本的安排裡，神來一筆，果真是神來一筆，不是事先能預料到的。例如拍《悲情城市》，裡頭有一個從九份山坡上蜿蜒而下的送葬隊伍，嗩吶淒厲的聲響穿透銀幕，直抵人心，蕭索頹敗，被緊緊壓抑住的悲哀感，很能呈現《悲情城市》中二二八白色恐怖的高壓噤聲。但這樣可遇不可求的場景，恰恰就是碰巧遇上的，侯孝賢說，他們遇上這送葬隊伍，也不忌諱，直言問了在拍電影，能否重來一次，於是便將這現實的場景，留在電影魔幻的底片中。

又例如在日本拍《咖啡時光》，侯孝賢說，有一天晚上東京下著傾盆大雨，且加上陣陣的雷電，那時已經收工休息。但侯孝賢仍叫錄音師趕快錄，讓攝影師趕快拍外面風雲變色的情形，就是一種油然而生的直覺，直覺這場景可以用得上，後來，就用這個雷電的聲音設計了一場戲。

在這場戲裡，讓一青窈飾演的女主角打電話給男朋友，在談話裡，透露其實現在這個媽媽不是生母，而是後母。一旦透露這層關係，於是父親、後母，與未婚懷孕的女兒，這三者的關係便有了奇妙的張力，侯孝賢說，「這個關係是很奇特的，但是日本人一定都清楚這種關係。我其實很了解這樣一種結構形式，因為後母總是負擔著別人的眼光，這個東西在我的電影裡很重要。一般人想要直接衝突多好——未婚懷孕，不想告訴孩子的父親，也不告訴現在的男友，只想一個人默默地生下來。這樣的劇情，很容易處理得極為戲劇性，灑狗血，但是我不是，我僅僅只是在處理這層關係。」

對於侯孝賢來說，後母這個角色舉重若輕，雖然並沒有什麼戲劇性的舉措，只是這層關係的轉變，就像一個精準的微調，對於關係的理解有著南轅北轍的翻轉。要怎麼透露出這層關係，於是就在一個下豪大雨閃電交加的夜晚，女主角突然一陣往事襲上心頭，打電話給男友，幽幽地透露出自己的身世。戲外景與內心戲的遇合，事後看來渾然天成，但完全就是侯孝賢事前精準的直覺。

台灣沒有所謂的「電影工業」，侯孝賢說，美國的電影工業可以做到什麼樣精細的程度，如果一個導演想要一種畫面：一張餐桌上有幾隻蒼蠅在低飛，就會有人專門來處理這個畫面，找了幾隻蒼蠅，將蒼蠅的翅膀剪掉一半，讓蒼蠅只能低飛盤旋，可以精確到這種程度，更何況是任何一個年代的道具布景。侯孝賢卻反其道而行，他完全不要設計，拍《咖啡時光》時，需要女主角一青窈在咖啡館寫稿的場景，他相中了一間咖啡館，先在每個時段都去觀察，看看這家店的客源情形，什麼時候人多，什麼時候較冷清。接著，他只略為和店家交涉一下，說要在這裡拍電影，店家說要清場嗎？侯孝賢說完全不要，完全不要有任何的驚擾，店家還是照常的運作，也不讓在場的客人發覺。那天店裡人不多，正式開始拍攝時，還有一個插曲，有一個送貨的進來，他竟完全沒發覺，侯孝賢的電影團隊早有一種默契，能低調到這種來無影去無蹤的程度。

對於現實的透徹了解，使得在以前，侯孝賢絕對不可能到陌生的國外拍片，但在因緣際會下，他在巴黎拍了《紅氣球》，在東京拍《咖啡時光》，設定了人物的性格、背景、職業之後，他就會開始實地考察人物的生活動線。例如《咖啡時光》中，他設定一青窈所飾演的女主角，是個文字工作者，依照這樣的職業，他便設定她住在高圓寺一帶，因為有許多自由業的藝文工作者居住在那一區。接著便開始設計她的活動區域，因為需查找資料，所以經常要到神保町的舊書街一帶，從高圓寺到神保町怎麼坐車，怎麼移動，藉由空間的環繞更加立體角色的「存在感」。這些準備工夫，彷彿海明威的冰山理論，浮在上頭的冰山只有十分之二，但其實沉在下頭的十分之八，雖然不可見，卻才是冰山的主體。這些細節，在電影裡不會輕易浮現出來，而是深深積澱，成為電影的地基，那讓侯孝賢的電影，即使拍的是他所不熟悉的異國他鄉，都還是穩穩地，不會懸浮、輕飄起來。

由於對於細節的要求，絕對真實，絕對不違背邏輯常理。即使回到古代，唐傳奇裡的《刺客聶隱娘》，也是如此。為了想了解唐代人的生活，去看《資治通鑑》，去弄清楚各種典章制度，地方藩鎮與中央的關係，唐代的外來文明、仙道思想、遊俠精神，以至更擴大到遣唐史的扶桑東瀛……做這麼多功課，下這麼多工夫，並非只為了在細節上精益求精，求個「不穿幫」而已。而是把這些都貫通之後，最重要的是一股氣，侯孝賢說，當時人怎麼想，怎麼行事，遇事會下怎麼樣的判斷，都需要還原，很自然而然地以唐人的思維模式思考，那就對了。這一次，由於場景在古代，沒有辦法發揮侯孝賢以往「就地取材」、「隨機應變」的強項，所以對於劇本格外謹慎，再三修改。

但這並非電影延宕的唯一因素，侯孝賢說，這三年重新去想電影這件事，想顛覆的可能。例如《刺客聶隱娘》，場景設定在唐代，又是武俠片，如果是其他導演來拍，依照這幾年武俠大片的風潮，很難不是搞成大製作，盛大的場景，所費不貲。侯孝賢卻不這麼想，他信任自己所帶出來的團隊，能在有限的預算中，拍出不浮華臃腫，而是短小精幹的作品。

侯孝賢對於電影的顛覆，還有器材上的，一開始，他看身邊的副導，時常在把玩一種手搖式的攝影機，每次只能拍大約三十分鐘，拍完一次，要重新上緊發條。侯孝賢於是想，可不可能拿這個來拍《刺客聶隱娘》，一來攝影機器輕巧，有一種隨機與靈活性；二來可打破以往「長鏡頭」的慣性，在轉完一次發條，有限的時間，有限的鏡頭裡，更能意識到拍攝這件事是節制的，有限的，而不是無邊無際。這或許就像從數位相機回到底片相機的復古，因為有限，才能珍惜。侯孝賢帶著團隊到日本試拍了一陣，但拍回來放在大銀幕的效果不如預期，後來只好作罷。

關於技術的改變，如何影響到電影，侯孝賢還提及當年「台灣新電影」的催生，大多數人注意到的，是當時台灣的鄉土文學盛行背景，改編黃春明、王禎和的鄉土寫實作品。然而技術的精進，也是促成「台灣新電影」的原因之一，因為當時的攝影鏡頭已有所提升，透過攝影機所捕捉到的畫面，接近肉眼所看，所以能模仿真實，技術門檻降低，才有那個條件，去拍成長的背景、寫實的題材。

侯孝賢說，他對於電影的想法，時常都不是來自電影本身，影史上的那些經典名片，而是電影的外邊思維：文學作品。例如沈從文的〈湘行散記〉，幫他找到了一個全新的，俯瞰而下，無喜無悲的眼光，於是他才能拍得出《風櫃來的人》，這部電影正是他重要的轉型之作。又例如電影裡活靈活現的「對話」最難，他說對話寫得好的，非韓邦慶的《海上花》莫屬。他最近還看了張愛玲的《雷鋒塔》，裡頭精彩的，是那一幫干干奶媽們間的鬥嘴，那才是真正的民間精髓。

關於下一部片《刺客聶隱娘》，他最近在思考「記憶」這回事，特別提到了唐諾的新書《世間的名字》，其中一篇〈同學與家人〉：「我的童年記憶常常是空間的，而不是時間；是某一個靜靜的畫面，而不是一段確確實實發生的有頭有尾往事。當然會跟著家人，一張臉一個姿態一句話云云，但他們似乎總停在眼光餘光之處，乃至於從畫面之外進來的，主體是那個今天想起來一點也不舒適不便利、沒抽水馬桶而且光度陰暗的房子。」侯孝賢想著，要怎麼讓從小離家的聶隱娘，成為殺人兇器回來之後，呈現以前的記憶。記憶這回事，本來就不是線性時序，也不具邏輯性，而是新的秩序與情感片段重組而成，是一種碎片式的記憶。掌握了這個，就忽然了然於心，《刺客聶隱娘》要怎麼拍了。

和侯孝賢相處時，不常覺得他是大導演，他平易近人，跟尋常人一樣搭乘大眾交通工具。聽說他在片場還是有導演的威嚴，會兇人。但這幾年我有機會，在一些聲援弱勢族群的場合遇見他，最近一次是聲援屢次被拆遷，居住在台北縣河堤邊已行之有年的都市原住民聚落——「三鶯部落」。前些時候，三鶯部落舉辦歲末尾牙，來答謝這些聲援的朋友，那天非常冷，侯孝賢也去了。

他一雙刷得白淨的布鞋，會毫不猶豫地踩進三鶯部落積滿水的爛泥裡。

他抽菸，抽完的菸蒂不隨手丟棄，而是找了一個不要的紙杯來裝著。

吃飯時他大讚一鍋紅燒肉滷筍絲，說滷得入味，等我們這一桌吃得差不多時，他看看別桌似乎沒有這味滷筍絲，唯我們這桌獨享，便把還餘半鍋的筍絲端上別桌，拍拍陌生人肩膀，要他們也試試。

吃完飯時，他幫忙收拾廚餘碗筷，不覺得自己是客人，且是非常重要的客人。

前台在表演時，有一隻跛腳小黑貓似乎被音樂驚嚇住了，進退不得呆立雨中，他跑去找人將那隻備受驚嚇的貓，安置別處。

椅子不夠，他又去搬了兩張過來，且還用面紙仔細擦拭被淋濕的椅面，儘管來坐的可能是一個完全不認識的陌生人。

越晚越風強雨驟，頂上遮蔽的帆布看似會被吹走，他又雞婆跑去關心一下。

他絕對不是來插花的，錢也捐了（捐錢是最容易的），面子也賣了，大可露給臉表示關心就走，但他笑嘻嘻地，在絕對冷死人的寒夜河堤上，足足坐滿三個多小時，像個看野台戲的觀眾，拍手鼓掌，大聲叫好，他比誰都入戲，但從不喊冷，他頂多指指頭上的那頂毛帽，說太太就喜歡織些有的沒的，這些都是太太織的，戴上就不冷了。

深度，就在表面。

我很幸運能夠看到這一切。

【續集】——拾遺

二〇〇八年初，朱天文出版長篇小說《巫言》，一日我接到電話，《文訊》問我能不能採訪天文，談談《巫言》。彼時，我還不曉得，三年後我將到媒體工作，以採訪為業。彼時，我浸埋學院已久，待人接物，生嫩青澀，從無採訪經驗，戒慎恐懼，只因為對象是文學女神，不假思索便答應了。

採訪前如臨大敵，買錄音筆（只為一次性用途），探勘適合採訪安靜的咖啡店（選中泰順街深巷寶血幼稚園旁，一間老屋改裝的咖啡店，今已不在），短時間內惡補天文所有的著作，包括小說、散文、電影劇本。

擇定的吉日來臨，我記得是早春裡一個微寒的陰天，因為過度緊張，我微微地冒汗。採訪完，雙方都很沮喪，我問得亂無章法，發誓以後再也不採訪人（這些年每每發誓「再也不」的事情，往往一再發生）；文章刊出後，天文來卡片說，那日她也沮喪，覺得自己答得亂無章法。問者答者皆笨拙，緣分本應到此為止，沒有續集。

採訪前，我知道天文正在弄《刺客聶隱娘》劇本，臨機一動，帶了兩本書給她。一是揚之水的《終朝采藍—古名物尋微》，其中有一篇〈唐宋時代的床和桌〉，我直覺《刺客聶隱娘》應該用得上。一是孟暉的《花間十六聲》，內容是晚唐五代的物質文化史，〈床上屏風〉、〈枕前的山水〉、〈添香〉、〈薰籠〉、〈香獸與香囊〉……，以《花間詞》裡的女性視角出發。那陣子我愛極此類「微物小史」，書架上有什麼與唐朝有關的就順手給出去。

因為這兩本書，有了續集。一日天文來電，說侯導想找我聊聊，仍舊約在寶血幼稚園旁。初見侯導，印象深刻的是白帽下笑得燦白的兩排牙齒，以及一雙不用綁鞋帶的白布鞋，肩上一個略顯陳舊的素黑背包（後來幾年相處，他都是類似裝扮）。赴約之前，我先找了唐傳奇裡的〈聶隱娘〉原典來看，還看了幾本唐朝的思想史：葛兆光寫禪宗，孫昌武寫道教。

有備而來，卻發現幫不上什麼忙，侯

導早已將〈聶隱娘〉摸得熟透，了然於胸。快六十歲的那人說，約是二十來歲時在廟口幹架時，邊鬥毆邊不忘讀書，把傳奇演義三言二拍的民間俠義讀進骨子裡，讀得刻骨銘心，念念難忘。志怪尤其迷人，侯導說他腦海裡長年來有個畫面，一個施以法術的紙人，沿著溝渠，穿過古井，靜悄悄地來到庭院。侯導形容那個畫面時，我想起的是李賀詩裡的幽冥感：「幽蘭露，如啼眼。無物結同心，煙花不堪剪。草如茵，松如蓋。風為裳，水為珮。油壁車，夕相待。冷翠燭，勞光彩。西陵下，風吹雨。」

二〇一〇年春天，電影《刺客聶隱娘》欲申請輔導金，交件的死線在即，侯導臨時找我幫忙弄一個劇本大綱。在這之前，我並沒有正式參與《刺客聶隱娘》的編劇工作，兩天裡，侯導和我密集會面，他說我聽，他的發語詞總是「你知道嗎……」劇本早就在他的腦海裡長成枝枒交錯、盤根錯節的一棵參天巨樹。我記得一時之間要塞那麼多東西進腦子裡，聽得我頭昏腦脹，但侯導仍然興致勃勃地說了又說，故事如傑克的魔豆一直向上瘋長，我沿著攀爬，終於來到天頂，覷得全貌。

幾年間，電影《刺客聶隱娘》早已脫離傳奇小說〈聶隱娘〉的法術神怪主軸，侯孝賢style的《刺客聶隱娘》回歸人間，回歸《童年往事》、《戀戀風塵》的底蘊，以人情義理為主軸，只不過，這次換了唐代的人情義理，唐代人怎麼思考，如何處事，唯有熟讀史書，才能入乎其內，出乎其外。

我記起二〇〇八年第一次見侯導時，他手邊總有幾本文具店可以買得到的綠皮小學生作業簿，那是他電影最開始的雛型，裡頭用鉛筆隨手寫下《刺客聶隱娘》的點滴，真有點習作的感覺，工匠日日鑄劍，只等出鞘那日。到了二〇一〇年，還是那兩本小學生作業簿，被磨得破損，封皮都快掉了。三年間除了唐傳奇，還補上《資治通鑑》、《新舊唐書》，世系、官職、風俗、服飾、唐人休閒（盪鞦韆、打馬球），尤其是安史之亂後的藩鎮割據狀況，他理得極清楚，他的簿子上畫起人物關係樹狀圖，他與他／她們朝夕相處，人物的骨幹一一填上血肉肌理，他說聶隱娘非舒淇莫屬，舒淇和侯導一樣都是牡羊座，他說，「我感覺舒淇和聶隱娘一樣，都有點倔。」

志於道

二〇一二年十一月

第三棵桂樹

朱天衣

「從關西交流道下來走羅馬公路，到四三．七公里處，路邊有一顆大石頭，彎進來，過一座橋，看到炊煙，走進林子裡就是了。」電話那頭的朱天衣字正腔圓地報路，「石頭」、「小橋」與「炊煙」取代了巷、弄、號，沒有明確的門牌地址，我正擔心該如何找起，卻又被隨著電話線蜿蜒而來的背景聲吸引過去：高亢的鵝叫，低沉的蛙鳴，狗吠深巷中，雞鳴桑樹顛……，熱鬧無比的立體環繞音效，閉上眼睛，只緣身在此山中。

等到身在此山，卻是暈頭轉向迷路了好一陣，才抵達朱天衣的家「甯苑」。甯苑的「甯」取自父親朱西甯的名字，五十二歲的朱天衣，來自台灣最著名的文學家庭，除了父親，大姐朱天文、二姐朱天心都是可寫入當代文學史的重要小說家，母親劉慕沙也是知名翻譯家。老么朱天衣雖然寫作成績不如姐姐，但也未曾遠離，從事兒童寫作教學二十五年，所出版的《朱天衣作文課》曾暢銷一時。不久前因為抨擊家附近的原住民保留地遭漢人不當開發利用，被地主以毀謗罪告上法院，近日獲不起訴處分。

繆思女神眷顧的一家，朱家三姐妹在七〇年代辦出版社編期刊，引領文壇風潮，曾經風靡一代青年男女。曾經有人說，三姐妹才貌雙全，各有各的美，但小妹朱天衣是其中最美的一個，二姐朱天心說，「她的個子有一米七，一頭長髮及腰，臉孔極似漂亮寶貝布魯克．雪德絲，不時有人找她去演戲或當模特兒，大家都把她當小公主一樣地寵。」

我們停好車後，人未到，聲先至，察覺到生人動靜的狗群猛烈地吠叫，接著七八條黑白黃各色都有的狗，像盡職的護衛隊，簇擁著公主而來。遠遠地觀，明眸皓齒，布魯克．雪德絲的招牌大波浪長髮還在。待一走近，皮膚黑了，曬斑多了，魚尾紋深了，長髮根部都白了、稀疏了，常幹粗活的手臂也壯了，年過半百的朱天衣穿著農用雨鞋走來，美人遲暮，滿面風霜，但當她笑起來，還是有種小女孩的嬌憨。

十一年前，朱天衣與丈夫王榮琪在新竹山上買了佔地七百坪的荒地，「在都市常因狗吠和鄰居起衝突，我們為了養狗搬過很多地方，越躲越山上。一開始全部的積蓄先用來買地，沒有餘錢蓋房子，就讓動物先上來，我們每天從桃園開車上山餵狗。三年後蓋了房子，人才住上來。」房子蓋了兩層，一樓貓房狗屋、雞圈鵝舍各安其位，二樓才是人居，四面開了大窗，不掛窗簾，看出去不見人煙，只有綠意。

朱天衣細數家中人口：十九隻狗，十九隻貓，七隻雞，三隻鵝，還有許多原本就在的「原住民」：南蛇、臭青母、青竹絲、雨傘節……。說起爬蟲類，她臉上沒有絲毫的嫌惡或懼怕，「養鵝是為了趕蛇，讓牠們不要再慘遭貓狗滅口。養雞是為了讓放養的狗習慣與之共處，才不會一直去獵捕鄰居的雞。」雞和鵝都不是養來吃的，自然魚也不是，鄰人送來饕客最愛的鱘龍魚，朱天衣將其從油鍋上解救下來，進了後院的池塘。

原本從事電腦業，退休後一手開墾、整地的王榮琪說，「在這裡算隱居，看不到外面怎麼臭怎麼爛，帶著一群流浪貓狗，剩下的一、二十年留給自己想要的生活。」山居歲月裡眾生平等，貓貓狗狗再也礙不了城市中產階級的眼，然而不公不義還是找上門來，「這附近大多是原住民保留地，十年來我們看多了外來者用盡各種手段騙取原住民的土地。有個漢人在林業保育地蓋大型豪華農舍，水保局還花幾百萬幫他開路，說有利於草莓、竹筍等農產的運輸，但那附近都是荒煙漫草，根本什麼也沒有。」

朱天衣帶我們往山上走，河上游赫然出現一座鋼骨玻璃結構的超大「農舍」，像天外飛來的異形盤據山中，所在的順向坡還造成坍方。從去年開始，朱天衣不停地向縣政府、監察院提出糾舉，管閒事的後果是自家的房子被檢舉為違建，還因為投書媒體被以毀謗罪告上法院。「有人會說這干卿何事？的確，我們是來隱居，門一關，過自己與世無爭的日子也可以，但為了『阿基佑』我決定要站出來，看不慣弱小被欺負，才管閒事管到底。」

阿基佑是朱天衣的原住民鄰居，自己搭了一個茅草屋，裡頭沒水也沒電，他過著文明邊緣，最低限自耕自食的生活。「我原本以為他是流浪漢，後來發現整塊土地都是他的，大概因此被盯上，不知從哪來的外人常在他的門外吵鬧，阿基佑不理，他們就搞破壞，阿基佑忍無可忍抄起番刀衝出去，這些人馬上打手機叫警察，後來里長作證，說阿基佑的腦筋有問題，就被送到精神病院。住院之後，他的土地就被他妹妹賣給財團。我們去看他，原本黑壯的他變得好蒼白瘦弱。」

「一旦管下去，就要管到底。」今年五月，立委鄭天財提出「山坡地保育利用條例」第三十七條修正草案，原本原住民要在保留地上耕作滿五年之後，才能將土地轉手讓渡出去，而修正案要刪除五年的年限規定，「這等於是大開財團濫墾濫伐原住民保留地的大門。」朱天衣和一群關注原住民運動的朋友，一一去遊說立委，才阻止草案逕付三讀通過。

土地被剝奪的SOP流程大致是這樣：財團先以拐騙，或用極低的價格取得原住民的土地，接著打通政商關係，讓政府用公帑為其造橋修路，如此土地的價格便急速攀升，再從中賺取暴利。「但『甯苑』的這塊地，當初也是我們從原住民手中買來的，後來有人開價七百萬要跟我買，價錢翻了十倍。」她沉吟了一下才繼續說，「如果把地賣了，這樣我跟那些獵地的財團有什麼不同？而只要和他們有百分之一的雷同，我就無法忍受，所以才決定把地捐出去給一同抗爭的原住民朋友。朋友讓我們繼續住在這裡，但土地已經不是我的了。」

他人名下的土地，卻還是灌注心血，「池塘邊的野薑花剛剛割掉，這樣來年才會長得更好。你們如果明年春天來，整片樹林會開滿白花。」滿園的梅樹、桃樹、梨樹此時不見花蹤，深秋裡只有桂花飄散淡淡馨香，朱天衣曾寫到，「有些地方生養一個女兒便植一棵桂花，父親沒幫我們存『女兒紅』，卻不知有意無意的在家門旁種了兩株碩彥的桂。」

多年來，兩個姐姐和父母緊密地生活在一塊。大姐朱天文未婚，二姐朱天心雖已婚，但和作家丈夫唐諾一起住在娘家。老家的桂樹只有兩棵，像個讖言和隱喻，身為老三的朱天衣二十幾歲就離家，「我比較飄蕩，人生中有兩次和家裡的斷裂，一次是二十出頭因為感情逃家，結婚也沒讓家人知道，幾年後才和他們聯絡。第二次是三十五歲時，因為認識現在的先生和前夫離婚，那時女兒才三歲，家人對我很不諒解。」

「兩個姐姐從小就坐得住看書，我就沒辦法，我比較外向愛玩。年輕時會逃家，其實也受到有心人的挑撥，說我不如兩個姐姐，我是比較沒人愛的那一個。爸媽完全是開明教育，他們從來不覺得我要跟姐姐走一樣的路。」在寫作的路上早已分道揚鑣，然而朱天衣多年來和姐姐們一樣致力於流浪動物保護運動，前幾年募款也自掏腰包推行「免費巡迴結紮車」，一年下來幾乎把身體累垮，她過去極愛漂亮，如今的不修邊幅，完全是為了動物。

朱天心說，「不計付出的慷慨，這是家風。從小家裡就收養很多流浪貓狗，有人來家裡拜訪，爸媽也總怕人餓著，常常煮大鍋飯菜，以前家裡只靠父親一份薪水，很捉襟見肘，但有窮人來討飯，母親還是會把桶底所剩不多的米刮一刮全給出去。」現在朱天衣的女兒已經上大學，受母親影響，也在做流浪動物的中途之家。

攝影 蘇立坤

朱天心又說，「天衣和我們很不同，家事女紅方面我和姐姐都笨手笨腳，但她很會做菜、編中國結、做皮雕、布置家裡，她從小就想建立一個自己的家。」父親臨終前，為這個始終飄蕩在外的小女兒特別留了第三棵桂樹，朱天衣寫到，「當我在山中真的擁有了自己的家園時，不知情的母親，已為那株桂花找了個人家，是有些悵惘。」

而今朱天衣在「甯苑」種了近百株桂樹，她帶著我們採摘，說是要做父親愛吃的桂花釀。園中還有結實纍纍的柚子、香梨，她不常摘採，常被松鼠啃咬掉一地也無所謂。天暗了下來，在暮色間我瞥見她倔強的神色，「這一次抗爭付出很大的代價，但土地不是任何人的，我們都是過客，終有一天都要還回去，還給大自然，還給天地。」

後記

隔幾天，我們去中壢拍朱天衣上作文課，學員從小一到小三都有，這個年紀的小孩坐不住，像身上長毛蟲一樣。朱天衣大部分時間都在管秩序，多年來嗓子被磨得厲害。我想起她年輕時多才多藝，一副好嗓子原來是用來參加金韻獎、灌唱片、練合唱團、唱平劇，現在拿來吼小孩，時間的磨礪、生活的摧折莫過於此。

二〇一三年一月

落花人獨立

丘成桐

採訪數學家前，我做了一個噩夢，夢見坐在教室裡參加大學聯考，考的是我較有把握的國文，但是一翻開試卷，上面卻是我以為此生永不必復見的符號：$\alpha\ \beta\ \gamma\ \pi\ \Sigma\ \sqrt{}\ \int \neq$……，大家都振筆疾書，只有我一人冷汗直流。

醒來，一向懼怕數學的我所要面對的，不再是拿著籐條的高中數學老師，而是享譽國際，首位獲得數學界諾貝爾獎——費爾茲獎（Fields Medal）的華人數學家：丘成桐。此次為了宣傳新書，丘成桐特地從美國來台。我們約在他台大數學系的辦公室，只見他方頭方肩方額闊嘴，整個人活脫脫就是一個正方形，唯一的等邊三角形是落在臉中央的獅子鼻。丘成桐的專長是幾何學，正方形讓他看起來剛正威嚴，獅子鼻更增添幾分霸氣，無怪乎《紐約時報》曾給他一個封號：「數學界的凱撒大帝。」

六十三歲的丘成桐出生於廣東汕頭，同年隨父母移居香港，在香港中文大學讀大三時，因資質優異被推薦至加州大學柏克萊分校就讀，三年後取得博士學位。此後便是加速前進的飛升：二十七歲時就解出數學界的著名難題「卡拉比猜想」，三十五歲時便當選台灣中研院院士。他已獲數學界的三大至高榮耀：「費爾茲獎」（一九八二年）、「克拉福德獎」（一九九四年），以及終生成就獎「沃爾夫獎」（二〇一〇年），史上僅有兩位數學家能同時囊括這三大獎。

先前看資料說丘成桐成長於元朗的農村，臨出門前順手抓了一本關於香港農村的書，見面時先送上，果然龍心大悅，皇帝遁入回憶，成了頑童，「小時候家附近是一望無際的稻田，還有水塘，我常在那捉青蛙玩。五歲時考公立小學，因為我看慣父親寫中文是從右到左，以為阿拉伯數字也是這樣，全部看反了，所以沒考上。後來只能去差一點的鄉下學校讀書，同學都是農村小孩，成天打架打得一蹋糊塗。小學六年級時我還帶著同學一起逃學。」

丘成桐笑著瞇起了眼睛，跟我們細數逃學到山中所見的花草樹木、落日海景，「太漂亮了，」他重複了好幾次。他當時當然還不知「幾何」為何物，只知天地有大美，日後才找到中間的連結，「廣義相對論提出了『場方程』，它的幾何結構成為所有幾何學家夢寐以求的對象，因為它賦予空間一個調和而完美的結構。多年來我研究這種幾何結構，感覺和陶淵明一樣，與大自然合而為一，自得其樂。」

讓丘成桐一戰成名的「卡拉比猜想」，由數學家卡拉比在一九五三年提出，同樣也擁有近乎完美的幾何結構，丘成桐說，「因為它完美到不近真實，幾乎沒有幾個數學家相信它是真的，原先我也是其一。」一九七三年丘成桐在一場會議裡宣稱找到證明錯誤的方法，之後接到卡拉比來信要他解釋幾個疑點，「我努力了兩週，幾乎沒什麼睡，把自己逼到虛脫。每當我以為終於把證明搞定時，論證總會在最後一次崩潰，一次又一次重演。」

像希臘悲劇裡的薛西弗斯，辛苦推上山頂的大石一次又一次地滾落。這是個轉捩點，撐不過去，難保不會像電影《美麗境界》中的數學家，受到打擊而精神崩潰。「兩週的煎熬下來，我判斷是我的推理出了差錯，唯一的辦法是改弦易轍，改從反方向進攻。」不躲不逃不棄守，他選擇正面迎擊，轉而證明「卡拉比猜想」是對的，四年後，懸宕了二十多年的「卡拉比猜想」終於由丘成桐成功證明，得出的結果便以他的姓氏一同命名為「卡拉比─丘流形」，也因這個證明，他得到「費爾茲獎」。

吃得苦中苦，方為人上人。丘成桐特別能吃苦，與他的成長環境有關。家有十口人，食指浩繁，父親丘鎮英在崇基書院教哲學，微薄的薪水不足以糊口，要靠母親、姐姐織棉、穿塑膠花來補貼家計。「家裡沒有自來水，要到河裡挑水回來，常常早上都不曉得晚上還有沒有飯吃。」後來搬到山上，引山泉水，枯水期時自私的鄰居常把水源堵住，「我去把石頭拿開，鄰居就會來我家門口大罵一兩個鐘頭，這些土豪劣紳如此惡霸，我父親是讀書人，拿他們一點辦法都沒有。」

回憶起往事，丘成桐仍是憤憤未平。十四歲時父親因病早逝，孤兒寡母更看盡人情冷暖，父親一手提攜的舅舅，在父親需要醫藥費時不但拒絕伸出援手，還建議丘成桐輟學去養鴨。「那是最慘的時候，但再怎麼窮，母親都堅持讓我們繼續讀書。我去當數學家教賺錢，人在絕境時會更勤奮，我把全部的賭注都押在數學上，如果失敗，我將無路可退。」

因為後天環境的刺激，也因為興趣，中學二年級接觸到平面幾何，頑童丘成桐便脫胎換骨，開始被數學吸引。他每天從沙田坐火車到九龍讀中學，單程就要一個半小時，「我特別被圖形吸引，坐車時會自己想一些數學問題，例如三角形有三個邊，三個角，三個分角線，三個垂直中線，共有十二個要素，我任意拿三個出來，將所有可能性排一次，後來發覺有一種組合構造不出三角形，為了這個問題，我整整想了一年。」

「讀小學的時候，父親的學生常來家裡開哲學討論會。我會在一邊旁聽，耳濡目染下，哲學宏觀的思維方式，對我日後治學的影響很大。」丘成桐二十出頭時，就敢於去碰觸「卡拉比猜想」這樣的世紀難題，這使得他的數學不滿足於守成，而是大膽的創造。丘成桐的學生，台大數學系教授齊震宇說，「他和一般數學家最大的不同在於他有一種強烈的直覺，獨特的眼光。有些數學家提出的猜測，看起來很順理成章。而丘先生的猜測，一開始旁人看了會覺得大膽得近乎瘋狂，實際去試了之後，會發覺他居然是對的。」

雖然做的是西方學問，但丘成桐骨子裡始終是父親儒家的淑世情懷，「十歲時，父親教我背誦古文，第一篇是《禮記》〈壇弓篇〉的『嗟來之食』，讓我知道即使在最窮困時，也應保持儒者的風骨。」儘管已登上數學界的頂峰，然而凱撒大帝並非高高在上睥睨眾生。

丘成桐經常到各地做推廣數學的科普演講，他也四處募款籌經費，在兩岸三地成立數學中心，自己則完全不支薪。

他在兩岸三地舉辦「丘成桐數學獎」，對象是中學生。齊震宇說，「一般數學競賽只是為解題而解題，題目出得極為刁鑽。丘成桐數學獎則是要回歸數學的本質，讓學生找出有意義、值得研究的問題來做。」丘成桐曾說現今的學生讓人頭痛，很多人抓著一個小題目就不停地寫文章發表，一輩子不肯放，「如果是重要的問題，即使只前進一小步，卻是數學史上的一大步。但如果在一個無聊問題上進步再多，也只是浪費時間。」

對於學生，丘成桐最看重的是用功，電影《心靈捕手》中解出世紀難題的是哈佛大學的清潔工，丘成桐對於這樣「數學天才」的電影十分感冒。齊震宇說，「在哈佛的數學系館，一到週末，往往所有人都走了，深夜裡只剩下他辦公室的燈還亮著。他已經有這麼高的成就，還那麼用功，是很少見的。」因此不像有些教授專挑天才型的學生，他會收別人不收的學生，相信只要努力，每個人都能開發出潛能。

二〇〇五年，《北京科技報》登出一篇丘成桐抨擊中國高等教育的訪談，他批評北大數學系教授不但剽竊別人的學術成果，還成天在外鑽營拉關係，追逐名與利，文章刊出後引起廣大迴響。為了不讓輿論延燒，北大數學系隨即召開大會批判丘成桐，而後《南方周末》的專訪也被壓下無法刊登。丘成桐曾說，「有人說我單槍匹馬對抗一大群既得利益者，何異以卵擊石，勸我忍一忍。但再忍個十年，就不知道敗壞到什麼程度了，我已年過半百，還能忍下去？」

丘成桐喜讀《史記》，史家春秋刀筆，是非分明，覺得不對的事，他必定會嚴詞抨擊，因此常有人批評他「霸氣」。齊震宇說，「他是坦率、直接的人，即使他是一個帝王，也絕不是暴君，如果你講的有道理，他會很明快地接受。」

隔幾天，在成大聽丘成桐演講。演講完有許多大學生中學生圍著他問問題。物理系學生問他卡拉比猜想，中文系學生問他心理學中祕密法則與量子力學的關係。學生們像黏著糖的螞蟻，簇擁著他一路走到門口搭車，丘成桐不厭其煩地用數學幼幼班的淺白語言一一解答。我看見年輕臉龐上滿是求知的渴望，不免感嘆我學數學的黃金時期終究過了，但至少，今後不會再做噩夢吧。

後記

訪談間我瞥見丘成桐的桌上，有兩本與數學無關的書：《高陽與曹雪芹》、《騷體的發展與演變》。除了哲學薰陶，小時候父親還要他練書法、背詩詞。他在美國生活多年，研究西方學問，但他仍寫詩、詞、賦、對聯，還曾出過詩文集。他說，在證明「卡拉比猜想」的那一刻，首先浮上心頭的，是與數學無關的一句宋詞，「落花人獨立，微雨燕雙飛。」

註：卡拉比—丘流形

關於空間，我們日常能感知三個維度（上下、前後、左右），愛因斯坦的廣義相對論再加上「時間」，成為四維。之後物理學家提出「弦論」，宇宙間最基本的粒子是由不斷震動的弦線組成，空間有十維。那麼多出來的六維隱身何處？此六維空間捲縮得非常小，暗藏在四維空間的每一點裡，稱之為「卡拉比—丘流形」，像一個揉起來的紙團，決定了宇宙的性質和物理定律。

二〇一三年二月

歧路

朱嘉明

「您打哪兒來呀？」「我是四川來的」「我上海」「我天津」……，在我前後左右，穿著打扮與台灣年輕人無異的男女，一開口便露了餡，他們有來台灣自由行的，也有在台讀書的陸生，粉絲般地紛紛佔了最前面的位子。這是一場在台北舉辦的新書發表會，周遭大江南北的口音，讓我頓時有時空錯置之感。問他們怎麼會想來？「之前沒聽過朱嘉明，但在網上看到他一篇被轉發二十萬次的文章，揭露很多中國經濟學家不敢說的問題。」

這篇文章叫〈中國改革的歧路〉，談到中國改革開放三十五年來，在經濟崛起的光鮮背後，國家從金融到土地，從電力業到養豬業，進行全方位的壟斷，財富集中在少數人手中，貪腐問題嚴重。台上的朱嘉明穿著灰色西裝，戴著無框眼鏡，像個一般的學者，在今天的中國，可能沒多少人認得他了。但說起王岐山、林毅夫、吳敬璉，這其中有中央政治局常委，聯合國世界銀行副行長，中國首席經濟學家，個個在當今中國政壇權勢顯赫，在八〇年代都曾是他的同事、朋友。

「曾經我也是他們其中一員，在一九八九年以前，我的條件比他們任何一個人都好：我是社科院經濟所的第一屆博士，是副教授，也是共產黨的局級高幹。」白頭宮女話當年，朱嘉明有著驚人的記憶力，他至今能記得五十年前每一個小學同學的名字，記得借書證號碼是「64784」。那麼，他當然也能記得往日的特權與榮光，一九八三年他是任職於中南海的體制內菁英，時常能在從前專屬於毛澤東的游泳池裡游泳。

在八〇年代，朱嘉明和王岐山等人並稱為「改革四君子」，名噪一時，當時這批青壯派青年學者，在一九八四年召開莫干山會議，對經濟改革提出具體建議，才不過三十來歲，就獲得國務院總理趙紫陽的破格重用，「他在中南海接見我們時，才入主國務院不久，想要改革舊體制。他不以家庭出身、血統階級為提拔標準，只看有沒有本事。他廣納、重視年輕人的意見，在中國共產黨史上絕無僅有。」之後趙紫陽推動股票市場和期貨交易，並親自主導中國加入關貿協定（WTO前身），將中國從封閉鎖國的計畫經濟，轉向全球化的貿易市場，奠定日後中國經濟崛起的榮景。

踏在時代的浪尖，朱嘉明少年得志，然而就像許多中國的知識分子一樣，一九八九年六月成了命運的分歧點，共產黨高層內，主張武力清場的保守派李鵬奪權；而反對鎮壓，同情學生的改革派趙紫陽，在六四後被終生軟禁。林中路有兩條，有人選擇流亡，有人選擇遮眼不見流血，繼續走出一條康莊大道，朱嘉明提到昔日同事吳敬璉，「六四之後不到十天，他馬上寫了一篇批判趙紫陽的文章，急著向新的當權者效忠。以後每逢十四大、十五大一直到最近的十八大，他一定為當權者寫文章。」

吳敬璉何許人也？他被視為中國自由經濟的代表，主張維護市場規則，被譽為「中國經濟學界的良心」，位居要職。朱嘉明很不以為然地說，「他其實是只為宮廷服務的經濟學家。亞當斯密（Adam Smith）除了《國富論》，還寫了《道德情操論》，作為一個經濟學家，我有我的道德底線。」良心與道德，誰說了算？我彷彿霧裡看花，只知道吳敬璉像顆敏感的按鈕，一觸碰到，原本溫和的朱嘉明便會激動起來。對於過去，吳敬璉掌握了絕對的話語權，這次採訪是朱嘉明少數的發言機會，他一再強調，「吳敬璉竄改過去的歷史，抹煞趙紫陽及其幕僚在八〇年代的努力。」

六四後朱嘉明先是去了美國，「身上只有十六塊美金，帶了一條短褲，還有一台walkman。邁出國門的那一刻，我就知道我和這個體制已經徹底斷了。」原本要到哈佛大學進行學術研究，「但在那樣的歷史時刻，我無法再回到書齋靜下心來做學問，在因緣際會下加入了海外民運。因此上了黑名單，回不了家。離開我並不後悔，但有遺憾，我在中國還有很多想做的事，例如提出中緬邊界特區方案、完成在海外能源布局的構想。」

隔幾天，我們來到朱嘉明在台大的研究室，他目前在維也納大學經濟系任教，這半年在台大擔任客座教授。學期將結束，校園裡空盪冷清，偶爾傳來幾聲寒鴨的孤鳴，深冬裡的蕭索氛圍，讓他想起回不去的舊京歲月，「小時候住在北京的胡同，胡同裡住著前清的太監和宮女，也住著新文學代表人物魯迅的遺孀許廣平，我在巷口玩球，常見她出入都有最高級的防彈汽車接送。那時候的北京新舊文化交雜，是一個很安靜平和的城市。」

文化大革命時，北京起了鉅變，胡同裡的大戶人家被趕出來，財產被沒收，「文革不僅是表面的破四舊，還有許多利益糾葛其中，藉著文革，共產黨趕走地主，掠奪土地。」當時朱嘉明是初中生，他的出身不是批鬥人的紅五類，也不是被批鬥的黑五類，於是成了一個旁觀者，「在學校的操場上，一個地主先被批鬥，接著被拳打腳踢，還用了壘球棒。有個同學用碎玻璃在他背後劃了一道長口子，一動也不動，確認他死了。討論文革，大家關注的都是有頭有臉的人，沒人會記得這個無名地主，目睹這件事，對我影響很大。」

文革時廢除高考，城市裡的知識青年被號召上山下鄉，十年間朱嘉明先後在西藏、黑龍江、山東務農做工，「在黑龍江，零下四十度，早上四點就起來割麥子，一直割到晚上八點。後來到膠東做工，一個月掙十六塊不夠生活，常常跑到附近地裡偷吃的。」文革以前，朱嘉明本來感興趣的是無涉現實的天文學，因為上山下鄉的經歷，讓他思索中國為什麼這麼貧窮，人民辛勞的成果到哪去了？一九七八年恢復高考，朱嘉明便報考社科院的經濟研究所，拿到博士學位後，進入國務院基礎經濟研究中心工作。

文革十年所積累的，不止是對經濟學的實用轉向，日後那一張張受苦的面孔還不時浮現：被打死的地主，以及流放到黑龍江的勞改犯，「這些勞改犯以前是大學教授，甚至是共產黨高幹，在政治鬥爭中被整肅得面目全非。在黑龍江，我感染了戰爭時日軍留下的細菌，得到出血熱，高燒不退。一位萍水相逢的勞改犯，拿著酒精不斷地幫我擦身，才撿回一命，我始終忘不了他的臉。」

朱嘉明的臉型瘦長，眼神清明，這是一張六四後選擇流放的「歧路」，未被權力腐化的臉。羈留海外四年後，他淡出權力糾葛的民運圈，在一九九三年重拾書本，在麻省理工學院讀MBA，畢業後創業經商，曾在澳洲開餐廳，在柬埔寨開製衣廠，在緬甸養蝦。他坦承，「曾經有錢比命更重要的時候，但因為『道德底線』，我始終不是一個成功的商人。在柬埔寨，我無法剝削當地廉價的人力，我在意給出的工資，至少要讓人能生活下去。」

「我在金邊開製衣廠，看著當地的女孩，早上紛紛由男朋友騎著摩托車載來上班，充滿朝氣，不必再以賣淫謀生，我由衷地高興。在比較落後的國家經商，看到太多的民間疾苦，才明白理解窮人，才能理解經濟學的精髓。」儘管身為頂尖的經濟學家，經商三年後朱嘉明還是鎩羽而歸，「因為道德底限，也因為沒有資金、人脈」，二〇〇〇年後他從實務回歸學問，受聘到聯合國工業發展組織（UNIDO）工作三年，主要研究發展中國家的產業政策。

訪談間，朱嘉明的妻子，同是經濟學者的柳紅也在旁聆聽。兩人先前就認識，二〇〇六年在維也納重逢、結合。柳紅說，「他在海外這麼多年一直是獨自生活，他很自律，持續運動鍛鍊身體，體重維持七十五公斤，一公斤都不曾增減。他的生活簡樸，時常幾顆土豆（馬鈴薯）煮熟沾鹽就是一餐。」一九八九年離開中國時，朱嘉明三十八歲，已經結婚生子，後來我問他，怎麼不把妻兒一起接出來？前妻能諒解他的抉擇嗎？他回信說，「在我決定出走時，更多的是士大夫的國家興亡匹夫有責。當然會想家，對父親和兒子尤其愧疚，其他的部分不想回答。」

這天，柳紅和朱嘉明都是一身輕便的運動裝，顯然剛運動回來。朱嘉明說，「我獨居多年，如果心肌梗塞也不會有人知道，所以要保持健康。另一方面也是種經濟學觀點，在海外四處居留，沒有醫療保險，健康的身體就是最大的資本。」柳紅五十歲之後才開始跑馬拉松，她和前夫所生的兒子「子尤」，是曾與韓寒齊名的早慧作家，卻在十六歲那年因病去世。

柳紅在博客裡寫，是為著自由而跑，兒子「子尤」的命名，取的就是「自由」的諧音，另一方面，也意謂讓丈夫回到中國的自由。二〇〇八年九十五歲的父親病危，透過層層申請，朱嘉明才得以回家探視，但期限一到就要離境。柳紅說，「在維也納過年三十時，他會算好時差，在北京時間的午夜十二點，他用毛筆字寫下『落葉歸根』。他想念北京，他想回家。」

後記

夫妻倆婚後大部分日子裡分隔兩地，朱嘉明在維也納，柳紅在北京，年節才聚首。朱嘉明在台大客座的日子將結束，年關也將近，我問柳紅，舊曆年會在哪裡過？柳紅臉色一黯，說目前還不知道。朱嘉明目前還不能回國定居，只能申請探親，短暫居留。朱嘉明說，「我需要看到那片土地，已經提出申請，希望今年春節能在北京過年。」

二〇一三年十月

月照孤雛

劉培基

離約定的時間還有二十多分鐘，劉培基提早到，這是他今天從早到晚馬不停蹄的最後一個通告。劉培基堅持站著等，不坐下休息，因為怕把衣服弄皺，儘管他等下上的廣播節目不需露臉。

他身上是燙得筆挺的白襯衫，釦子直抵喉頭。溫莎領帶結，深色西裝褲，牛津手工皮鞋，有型有款。秋老虎將我熱出一身汗，劉培基還加了一件西裝禮服背心，雙手背在身後，腰板挺直，彷彿有一根線在他頭頂提著，隨時抬頭挺胸。

「我在家裡喜歡穿睡衣，但出來就要尊重自己的行業，不能邋遢。」六十二歲的劉培基是香港時裝界的傳奇人物，小學肄業，從一個裁縫學徒，蛻變為七〇年代香港首位進軍國際的服裝設計師，他的作品今年被香港文化博物館典藏，盛大展出。傳奇還不僅於此，他跨足演藝圈做形象設計，一手打造出百變梅艷芳。他往來無白丁，知交都是像金庸、黃霑、張國榮、羅文這樣的人物。

此次劉培基為了宣傳新書來台，上節目時陳文茜說他看起來像「貴族中的貴族」，但其實他有著《孤星淚》般的飄零身世，從小父不詳，八歲時母親交了男友，將他丟到寄宿學校，不聞不問。劉培基下課後先去校長家裡幫傭，吃隔夜餿掉的飯菜。晚上睡在空無一人的祠堂，沒有電燈，只有月光灑落下來，「一直到現在，每天晚上我都會到外面找月亮，看到月亮，就好像看到家人一樣。」

劉培基從不讓人等，因為小時候苦等母親來探望，望穿秋水的體驗太深刻。有一天母親終於來了，卻是要小學五年級的劉培基輟學去當裁縫學徒，「她想我趕快自立，因為她要結婚了。」

學徒生涯，七點前要起床，晚上十點後才能休息，睡在堆滿碎布雜物的地上，「師兄們睡桌上，時常伸腳下來踢醒我，要我去買雲吞給他們當消夜。買回來我看著他們吃，自己當然沒得吃。」

恨嗎？劉培基語重心長地說，「別恨，對誰都別恨！恨的話只會更痛苦，我只有讓自己變得更好，無父無母，我就自己教養自己。」

自己教養自己，劉培基愛乾淨，有潔癖，訪談間面前的桌上有塊水漬，他拿張紙巾擦乾淨。跟著他跑了幾天的通告，每天他的衣褲必定燙過，不假手他人，衣服都是自己燙。「小時候寄人籬下，一定要把自己收拾得很乾淨整齊，才不會惹人討厭。」

自己教養自己，所以當師傅們在打麻將，師兄們在看八卦節目，劉培基則是更加努力埋頭練習，至今他的手指上仍有一層厚繭。「這麼多年來我只有學壞一件事情，就是抽菸，師兄拿菸給你，你不能不抽呀，儘管那是他抽過的。我抽了快三十年，四十歲戒掉了，當成送給自己的生日禮物。」

三年多的學徒生活練就紮實的針線功夫，十七歲開始幫人造衫，「客人很多是舞小姐，常常我月底要交租，就會打電話問她們需不需要做衫，她們只有YES，沒有NO，很講義氣。」二十歲時生意漸入佳境，已小有名氣。二十二歲時，他不滿足於此，決定去英國學設計，但旅費怎麼來？「恰巧『娃娃影后』李菁來訂三套衣服，這筆錢來得好比及時雨。」

到了英國，單憑一股傻勁直闖聖馬丁藝術學校，簡直像天方夜譚。也許心誠則靈，瞎貓也會碰到死耗子，在學校裡碰到一位胖大嬸，「她問我來做什麼，我用很有限的英語說：『我想申請入學。』給她看一疊照片，都是我以前做的衣服。她問我的學歷，我說只讀到小學五年級。她很遺憾的說無法錄取我，但可以讓我讀夜間部。」胖大嬸原來是校長。

「就算不行都要行，人生根本沒有退路。」劉培基斬釘截鐵地說。小時候孤身睡在滿是牌位的祠堂，常去墳地遊蕩，他從沒有害怕過。在倫敦，遇到不會的英文字，他立馬在街上找人問。三年後他學成回到香港，自創品牌。一九七七年首度參加香港時裝節大獲好評，一九七八年更受邀參加倫敦、巴黎時裝週，作品登上巴黎《Vogue》雜誌，倫敦知名百貨如Harrods、Liberty的櫥窗裡陳列著他設計的衣服。

一九八三年，三十二歲的劉培基平步青雲，當選香港十大傑出青年，名滿全城。同樣屬兔，小他一輪，二十歲的梅艷芳才初出茅廬，劉培基回憶當時的她，「頭髮太俗氣，牙齒很黃。」在這個四歲就出來走唱養家的女孩身上，劉培基看到自己的影子，「她很渴望我能幫她，但不是一味討好，她眼睛裡還有種不服輸的倔強，讓我印象深刻。」

同是天涯淪落人，劉培基對待梅艷芳，不只是歌手，還像妹妹。他教小梅妹演唱時不要戴手錶，「那會像是要趕場的酒廊歌手。」讓她看瑪莉蓮夢露對甘迺迪唱〈Happy Birthday〉的影片，「在這麼多人面前情挑總統，這種膽識和性感，我教她要學起來。」在八〇年代破天荒讓女歌手穿上男裝，引領潮流，「我跟她說，這首歌曲講的是一個滄桑的女子，愛已經是過去式，既然沒有愛，那麼我們就不屑。穿上男裝，自己擁抱愛。」

「沒有人愛，就自己擁抱愛。」多麼像劉培基自己的人生。怎麼懂這麼多？「我很喜歡看三、四〇年代的好萊塢女星，不只看造型，還會去看她們的人生故事。」他沉吟一下接著說，「『那個女人』在外面是那麼高貴有教養，但她對我不理不睬，遠不如找我做衣服有情義的舞小姐。小時候我不能理解，為什麼這樣對我？所以我就去看其他有名氣的女人是怎樣的。」

說到母親，劉培基一律以「那個女人」替代。劉培基的母親孟君是言情作家，辦過雜誌，早期在香港文壇頗具名氣。後來劉培基也成名，在社交場合兩人狹路相逢，母親從不認他，像是陌生人一樣地客套。和劉培基相交三十幾年的好友，資深模特兒劉娟娟說，「他媽媽給他一個電話，跟他說有空可打來。結果他打去，傭人說太太在掛窗簾，沒空接電話。」

翻著書裡的照片，劉培基指給我看曇花一現的玫瑰色童年，「小時候我是一個好乖好可愛的小孩。那個女人幫我照很多相，她還會在照片上寫，『五歲的 Eddie 自己會穿鞋子了』，她那時候對我多好，多愛我呀！」

幸福只維持一根火柴的時間，他接著說，「後來她再婚，一開始還會找我去她家裡吃飯，我還沒動筷，電鈴響了，是她婆婆。她叫我趕緊躲到廚房裡，千萬別給人看見。」講到這裡，他隱約有了哭腔，反覆喃喃自問，「怎麼能這樣呢？」

「為什麼說變就變？我後來得到一個結論：女人都害怕寂寞。那個年代她一個人帶孩子不容易，只有這樣想，我才能比較釋懷。」「寂寞」像隻吞噬心靈的怪獸，讓慈母成了陌路人。他在自傳裡寫，母親有天把他叫去說，「從今天起，你不要再叫我媽媽了。」那天他就對月亮起誓，「從今天起，我不再需要任何人。」

多年來劉培基的感情生活，就像他身上洗得漿白的襯衫一樣，身處演藝圈的大染缸，從沒留下汙點。他僅在二十年前在廣州談過一次感情，對象是純樸的體院學生，是個男人，因對方家人反對無疾而終。感情留白，漫漫長夜都怎麼渡過？「晚上一個人在家吃飯，聽聽音樂，晚一點就在院子裡散步找月亮。」

劉培基是要求完美的工作狂，可以忙到一整天滴水不進，把胃弄壞，服裝秀完後直奔醫院打止痛針。他成立品牌有自己的工廠，把從前那些欺負他的師兄都請回來工作，「我們處得很好，他們一直做到退休。」他一九六二年入行，二〇一二年才正式退休，工作五十年，熬過寂寞。

但誰都怕寂寞，即使是巨星，劉培基看了太多，「演唱會時那麼多人，和回到家卸妝時的孤單，反差太大。」他看梅艷芳每晚包場請二、三十人吃昂貴的日本料理，浪擲千金，都是因為寂寞。張國榮曾向他抱怨，「怎麼不多疼我一點？」在他面前落下淚來，那是從文華酒店跳下來的前一年。劉培基有些懊悔地說，「我那時還不知憂鬱症會致命。」

「每年羅文生日，我們都要聚餐，常常是張國榮坐我左邊，梅艷芳坐我右邊，他們都很依賴我，一人握著我一隻手，我簡直沒有手可以吃飯。」劉培基笑著回憶，但這次，他又成為被遺落下來的孤兒。

二〇〇二年是羅文，〇三年是張國榮、梅艷芳，劉培基一一做壽衣，送君體面上路。獨活不是幸運，更可能是無邊無際的寂寞折磨，梅艷芳走的隔一年，劉培基罹患憂鬱症，如今靠藥物維持，「我不想留在世上這麼久，最好趕緊回老家。我沒白來這世上，我很努力成就自己，本來無緣無故沒人要，結果多了一個小妹妹。如果要走，我絕對不會難過，那是他們在想我，要我去跟他們團圓，多好，終於月亮圓了一回。」

攝影　蔣煥民

二〇一五年五月

我認輸

周俊勳

棋賽十點開始，台灣圍棋「天元賽」八強戰，周俊勳提前半小時到，不見緊張，他玩起手機裡的電動遊戲。剛剛還和人有說有笑，九點五十，一分不差，他回到座位上低眉斂目，神情凝重，瞬間像換了一個人。他今年三十五歲，十四歲成為職業棋士，超過二十年的比賽經驗，讓他收放自如。

二〇〇七年拿到LG盃世界冠軍，成為家喻戶曉的紅面棋王，至二〇一二年生涯累積四十九個冠軍，近兩年卻顆粒無收。過了巔峰期的棋王，仍雙腳併攏，坐得挺直，不像其他年輕選手托腮、駝背，東倒西歪喬出最舒服的下棋姿勢。他像上一輩的棋士，很老派。但老派有老派的好，他中等身材，因為這坐姿，在棋盤前顯得比誰都高大。

隔天約在海峰棋院，只要沒出賽，每週一到五，他都來這裡教圍棋協會培訓的種子小棋士下棋。在八、九歲的孩童間，他吼著管秩序，像安親班老師，唯一不同的是，學生滑手機時，是上網看棋譜，「棋盤是最神聖的世界，最受不了小棋士直接在棋盤上寫作業，我隨身會帶支小竹棍，啪一聲打下去。看到蹺腳坐姿不正的，也照打。圍棋以前有很多精神內涵，現在比較像體育競技，只看到最後的勝負。」

來之前我上網查了昨天的比賽結果，周俊勳以一目半負於陳詩淵九段。輸棋隔天，周俊勳笑臉迎人，毫無異狀。從前他輸棋，曾把自己關在飯店房間裡，一個禮拜足不出戶，瀕臨崩潰。如今他可以馬上新陳代謝掉，「每次輸棋回去臉很臭，兒子慢慢大了，能感覺到，現在要把勝負拋開，像昨天輸棋，我一進門是笑嘻嘻的。」

二〇〇七年，周俊勳和相識多年的經紀人，大他十四歲的鄭淑卿結婚，兒子周錡已經七歲，取名「錡」，和「棋」同音，有其深意。鄭淑卿是旅日棋士王銘琬的親妹妹（王銘琬從小過繼給人，故不同姓），來自圍棋世家，從前也到日本學棋。周錡有父母雙方的基因，周俊勳卻不希望他太有天分，「我希望兒子學圍棋，但非常不希望他當職業棋士，每天面對勝負是很殘忍的事，實在太痛苦了。」

「二〇〇八年開始會輸給比較弱的棋手，一開始不能接受，很沮喪，要慢慢調適，經過那麼多年的心理建設，昨晚還是沒睡好，一直翻來覆去，想著那盤棋。」

小時候輸棋，比賽結束爸爸馬上拉他去跑操場，再輸一直累計，最多跑了七十圈。嚴父在旁邊盯著，偶爾也跟上來陪跑，「最恐怖的不是跑步，而是爸爸會在耳邊一直罵，說我輸棋很不應該，怎麼對得起家裡。」父親比你更在乎輸贏嗎？「不，最在乎的還是我，每次輸棋都好像死掉一次。」

父親是棋痴，逼著五個子女從小背棋譜，學圍棋，周俊勳排行老四，在大姊的回憶裡，周俊勳才剛學會坐著，就開始跟厚重的棋譜奮戰，「大弟弟完全沒有同年齡男孩的稚氣，他是個沒有童年的懂事小孩，一肩扛起爸爸不合理的期望。」

父親的魔鬼訓練，姐姐弟弟都逃掉，只有周俊勳沒有逃，因為他更想逃學，逃開「妖怪」、「魔鬼」的訕笑。他半邊臉的赤紅胎記，乍看像是燒燙傷，的確也是，經年累月，每一雙在路上遭遇的眼神，都像沸水一樣朝他潑來。只有在圍棋的黑白世界裡，他臉上的腥紅無人側目，讀小學時，人生中的第一場圍棋比賽，沒有人把他當怪物，「可能下棋的孩子比較早熟懂事，大家把我當普通人，那一瞬間我覺得，下棋真好。」

開始正式學圍棋有個機緣，因為父親敗給當時的圍棋神童張栩，想訓練兒子代為報仇。張栩和周俊勳同齡，張栩早他兩年學棋，棋力上總高周俊勳一兩個級別。張栩鋒芒早露，許多老師搶著收他為徒，十歲時，張栩到日本成為林海峰的內弟子。

同是十歲的孩子，一個樣貌清秀，義父是前清大校長沈君山，乾爹是中環集團翁明顯，師父林海峰，太師父吳清源，集眾多寵愛於一身。另一個臉上有腥紅胎記，家中經濟單靠母親在市場賣衣服維持，籌不出錢讓他去日本學棋。我說張栩很像漫畫《棋靈王》裡裏的天才塔矢亮，「那你是近藤光嗎？」「有一點像吧，但我沒有佐為幫我。」他苦笑。沒有乾爹，沒有義父，沒有名門師承，當然也沒有神乎其技的幽靈相助。

進不了正規訓練體系，一次因緣際會下，北京中國棋院破格讓他旁聽，當時他十一歲，獨自在中國生活，台胞證遺失，錢被扒了，都要自己解決。兩岸的政治氣氛微妙，「我盡可能讓自己像個透明人，不希望我的身分帶來任何麻煩。」中國花費較日本低得多，然而每去一次，母親都要標會籌錢，讀北一女的姐姐，學會批發徽章到學校賣。他帶點愧意地說，「還好我十四歲就開始比賽賺獎金，改善家境。」

「回台灣生活一陣子，就會下得特別爛，因為沒有旗鼓相當的對手。」從前像他這樣休學來下棋的，絕無僅有。在台灣，他的對手大多是四、五十以上的成年人，同儕不是像張栩去了日本，要不然就是一上國中，紛紛因升學壓力而放棄。「長期身邊沒有朋友，所以我跟媽媽說，滿十八歲，如果有合適對象，我想馬上結婚。」

棋士黃祥任看著他長大，「他在巔峰時期，一年輸不到幾盤棋，國內幾乎沒有對手。」因為表現好，一向嚴格的父親答應讓他去讀高職，第一次有了同齡朋友，和女同學產生情愫，成績下滑，父親要他辦休學，與女方斷絕來往，「那是我第一次想反抗，掙扎了一個月還是忍下來，還是因為胎記的緣故，如果沒有圍棋，我會比別人更辛苦。」

二十七歲那年結婚，終於如願與償。十六年前，他十一歲，她二十五歲，在圍棋基金會工作，他去學棋，叫她「鄭老師」（至今他仍習慣這麼叫）。「時間很長，我們的關係變化很微妙。太太也曾嘗試成為職業棋士，努力過最後放棄，她自己經歷過勝負的殘酷，所以才那麼懂我。」

結婚生子，終結了長久的孤單，二〇一三年他接下培養種子棋士的總教練重擔，冒著比賽成績大幅滑落的風險，他也想終結下一代的孤單，「很多人勸我不要接，再拚第二個世界冠軍。但我來當總教練，是因為有使命，小時候一直很想有一起學習的同伴，身邊的人一直脫隊，是我最大的遺憾。」他同時想改變窮人家小孩無法學棋的宿命，「我希望找到像我一樣，家境不那麼好的小孩，來這裡訓練，費用全免，家長不用去借錢、賣房子。」

俞俐均十四歲，是目前台灣最年輕的職業棋士。俞俐均家境普通，按周俊勳在外面的收費，原本無法負擔，所以周俊勳收她為徒，免費教她。俞俐均說，「輸棋時老師不會責罵，會用過來人的角度給我建議，很會鼓勵人，任何心事都可以跟他說。」

十年前周俊勳接受訪問，說他最懊悔的棋局，是在一九九六年應氏盃，對手居下風，本來已經要棄子投降，「我第一次遇到國際大賽要贏了，手開始發抖，腦子一片空白，結果被逆轉，輸了。」周俊勳痛苦到想從高樓往下跳。

十年後，我問他同樣的問題，答案變了，那是他拿到世界冠軍後的第一場比賽。「回台灣官員接見、媒體採訪，是我這輩子把圍棋丟得最遠的兩週。」好不容易登頂，鬆懈兩週又何妨？然而命運來敲門，兩週後，富士通盃第一輪，他抽到一直在追逐的那個背影，

「之前我居然沒和張栩對奕過，這是盼望已久的一刻，結果我輸了，很難過，不是因為輸給張栩，是我追了他一輩子，卻不是用自己最好的狀態去迎戰。」

同樣輸給稱霸十年的韓國棋王李昌鎬，他卻毫不懊悔，「我和他交手四次，都輸棋，我盡力了，輸給最巔峰時期的他，能見識到他的強大棋力，其實很幸運。」他分析李昌鎬的棋，「像打在一團棉花上，絲毫傷不了他。他的棋風很柔很慢，像太極拳。」他眼睛發光，沒有成王敗寇，彷彿在形容一幅絕美的藝術品，從十四歲起，長久囚禁於輸贏的牢籠，這一刻，他終於自由了。

夢裡不知身是客

二〇一一年十月

北島

農曆八月十五，時值中秋，據說今晚的月亮將是近年來最大最圓的滿月，我們卻身在異地。秋老虎依然肆虐，我們在詩人北島位於海灣旁的書房裡，被蒸騰出一身汗。北島一邊調冷氣，一邊抱怨他最不能適應香港濕熱的天氣。自一九八九年六四前離開北京，流亡至今，這是六十二歲的北島，第二十二個回不了家的中秋節。

北島是中國當代最重要的詩人之一，作品已被譯成二十幾種文字出版，曾多次獲諾貝爾文學獎提名，在國際文壇上享有盛名。中秋是團圓日，對於流亡者而言，卻是一個觸景傷情的時刻。這一天的北島看來尋常，早上九點步行到離家不遠的書房，進行日復一日的寫作。

在地狹人稠的香港，能有自己的書房，何其奢侈。北島的書房有臥室，有廚房，空間闊綽，還有一扇面海的絕佳窗景，北島看來過得很舒服，想像中應有的滄桑感，瞬間消散。一進去北島就換上拖鞋，離開時他將筆記型電腦收進防塵袋，將我們喝茶的杯子洗好收妥，家居秩序像個錨，投入漂流的長河裡，尋求些微的安穩。

回不去的起點是個偶然，一九八九年四月，北島到舊金山開會，接著又轉往柏林，六四發生時，他只能在西柏林的電視機前看CNN轉播，「我在和北京的通話中聽見了槍聲。朋友在電話裡說我上了黑名單。『六四』一開槍，就確定回不去了。」六四的前幾個月，北島發起「三十三名知識分子簽名信」，呼籲釋放魏京生等人，「中國官方覺得

『六四』不是一個孤立事件，認為簽名信是導火線，我很自然成為一個危險人物。」

西德、挪威、瑞典、丹麥、荷蘭、法國、美國，最初六年的時間裡，北島搬了七國十五次家，「流亡初期在北歐，漫長的冬天與黑夜，語言不通，沒有朋友，那是最痛苦的時期。」北島始終沒胖過，那削瘦像是經年漂泊，被徹底壓扁榨乾不留丁點。因為瘦，他一雙炯炯雙眼顯得格外地大，像是非洲難民的眼睛，不過他是精神上的難民，望穿秋水的是一個歸屬。

忽然成為一個流亡者，讓北島措手不及，毫無心理準備，最放不下的是稚齡的女兒，從四歲到十歲，北島只和她見了三次，他曾寫到，「九一年秋天，我父母帶田田第一次到丹麥來看我。兩年半沒見，她起初對我很陌生，甚至不願我碰她的手，敏感得像隻受傷的小動物。三天後我才成為父親。」一九九五年，北島終於將妻女接到美國團聚，但三年後他就和畫家妻子離婚，「分開六年時間太長了，我們的價值觀已不同，重新一起生活後出現了很多問題。前妻回到北京後，有很長的時間我要自己帶孩子，還要供房子，一九九七年我被大學炒魷魚，有兩年的時間只能靠寫作維生。」

毫無準備的還有語言，「原先以為大概一兩年就可以回去，沒想過會那麼長時間的流亡，所以沒有認真學語言。」他曾寫到因語言鬧過的笑話，「有一回去超級市場，兩位穿制服的老太太從貨架後面探出頭來，問要不要幫忙。我說在找蠟燭（candle），L不到位，老太太聽成避孕套（condom）。我急了，趕緊補充說是在黑暗裡用的，老太太連連點頭，是啊是啊，是在黑暗裡用的呀。」

北島讀高中時，文化大革命發生，他的學業從此中斷。他能在美國的大學裡教書，靠的是作家身分，一開始在東亞系裡教書，中文授課即可，一九九九年他轉到英語系教創作課，才下定決心學好英文，這時已在外打滾十年。二〇〇七年開始，北島在香港中文大學教書，一轉眼在香港也待了五年，他問我，「廣東話聽得懂嗎？」我搖搖頭，他便像找到知音一樣，「我也一句不懂。」他講得理直氣壯，這或許是流離失所多年所訓練出的一種定力，或者說是固執，世界是世界，我是我。

他住在馬鞍山，不太往中環、尖沙嘴等典型的香港熱鬧裡去，也不積極學廣東話。這並不代表他不關心身處的時空，香港詩人廖偉棠說，「他找了一些關於香港本土論述的書來看，也關心香港的『反高鐵』議題。」剛見面，北島便頻頻追問我台灣和香港的《壹週刊》有何不同，又與我分享一些小道消息，「聽說香港《蘋果日報》的銷量下跌，是受到免費報的衝擊，迫使黎智英也要開始辦免費報……」北島的語調突然輕鬆起來，一向拘謹的他難得顯露好奇的一面，讓人覺得可親近多了。

失學之後，北島當了十一年的建築工人，其中包括六年的混凝土工，五年的鐵匠。「我後來覺得流亡的經歷還算不上吃苦，和早年這種體力上的極限訓練有很大的關係。」工人時期反而是北島創作力最旺盛的時候，「那時候沒有發表的希望，作品只能在朋友之間流傳」。一九七八年底，北島和朋友創辦《今天》，這一份之後將影響深遠的文學雜誌，是在非常拮据的條件下辦起來，「大家都窮，連雜誌用紙都沒有，當時朋友在北京造紙廠工作，每天『順』一些過來，積少成多，才有創刊號。」

在中國的七、八〇年代，北島是風靡一代人的文學偶像，當時沒有QQ和微博，但北島詩歌的傳播速度，據詩人柏樺的回憶，「比閃電還快，彷彿一夜之間就傳遍中國。」六四事件發生時，北島雖然人不在北京，但他卻以另一種形式在場，「寧靜的地平線／分開了生者和死者的行列／我只能選擇天空／決不跪在地上／以顯出劊子手們的高大／好阻擋自由的風／從星星的彈孔中／將流出血紅的黎明。」《今天》的編委徐曉寫到，「他的詩句被抄成大標語，成千上萬的大學生在標語下靜坐絕食，幾天之後，軍隊的坦克車從那飄動的標語前穿過。」

北島雖很早就取得了「偶像級」的地位，但他對此總有所警醒。廖偉棠說，「北島時常批評自己早年紅極一時的詩歌，他不繼續待在神壇上，而是否定當年的自己。」在今年香港書展的演講中，他公開批評如今的寫作環境已不單純，作家像明星，粉絲現象像是一種邪教。面對台下慕名而來的「粉絲」，他當場潑了一大盆冷水。

朋友曾幫他取過一個綽號「老木頭」，意指他古板、老實、較無情趣。這使得他和某些高調、張揚，以被壓迫的受害者姿態作為資本的流亡者不同，北島低調、平實許多。他講話也是一板一眼，鮮少有語氣起伏，我事後整理錄音，像是聽著一捲照稿唸出，反覆播放的錄音帶，幾次聽到快瞌睡。只有良久的停頓不語可以探測到他的情緒波動，例如他講到在美國和女兒相依為命的一段。

唯有親情，是「老木頭」得以枯木生花的緣由。

上個月，離開中國多年的北島獲准回去參加詩歌節，由於是有官方人士的擔保才得以回去，於是不免惹來非議。廖偉棠說，「在香港和中國都有很多雜音，認為北島被中國官方招安，但他們都忽略了作為『人』的北島有回家的權利。」問起北島，他只淡淡地提到，今年年初將九十歲的老母親從北京接來香港過冬，結果母親在香港摔傷，所以這次回北京，主要是探望行動不便的母親。

三次回北京，都有特殊理由才能申請回去，一次只能停留一個月。第一次是〇一年，父親病危；第二次是〇四年底，兒子出生。北島後來再婚，小他十多歲的妻子在紐約完成學業後，回北京工作，生下兒子。北島申請回去陪產，剛好兒子出生七天後他就要離境。死別與生離，他的語氣還是一貫的平穩，像他早年當鐵匠時，反覆捶打而毫不喊疼的鋼鐵。

和北島聊起他的一雙兒女，女兒已從美國的大學畢業，正在荷蘭唸碩士。兒子是北島年過半百才生下，三歲以後才接來香港團聚。女兒有相依為命的患難情感，兒子有老來得子的喜悅，想必給北島的生命體驗很不同，「但他們有一個共通點，性情倔強，但也都老實、善良，」我說，「應該都是遺傳你吧！」北島忽然靦腆起來，笑而不答。

在香港，大學教授的薪水本來就很優厚，更何況北島是更高一級的「講座教授」，妻子來港後也找到工作，北島自我解嘲地說，「如今我們算是很中產的了，流亡這些年，在香港最有家的感覺，為了剛上小學的兒子，十年內應該不會再漂泊。」

離開書房，北島帶我們走一遭他的回家路線，他指著典型香港高樓裡的其中一戶，「我家就在那裡，這附近有公園、圖書館、超市，生活機能很便利。」中秋節的傍晚，月亮已從天邊升起，詩人結束一天的寫作，散步回家，家中已備好熱飯，兒子也放學回來。吃完晚飯，北島會陪兒子玩一會才就寢。這場景，對安定者是「家常」；對於北島而言卻是十足魔幻，好似流亡者在他鄉異國輾轉難眠的夜晚裡曾做的一場夢。

後記

雖然綽號是老木頭，但其實北島對許多事情充滿興趣，例如攝影記者手上的相機。他說自己也照相，不是那種紀實攝影，而是比較抽象，像詩一樣。後來重讀北島的書，才赫然發現北島的攝影師父是誰？居然是美國垮掉一代的傳奇詩人艾倫・金斯堡（Allen Ginsberg）。流亡期間北島往來無白丁，許多世界級鼎鼎大名的作家都成了他的好友，他說，「流亡者的身分有個好處，就是容易讓他們卸下心防。」

攝影 蔣煥民

地獄遊記

二〇一五年四月

廖亦武

在中國蹲過四年苦牢，曾經被獄卒用電擊棒插入屁眼刑求，被魯西迪形容為中國索忍尼辛的廖亦武，說起他的坐牢經歷，竟意外地好笑，「我旁邊有個死刑犯，他老是兩隻手向前銬著，後來他的胸肌發育，乳房長得很大。有天晚上他拿碗，說要擠奶，擠出來全是膿。監獄醫生給他弄了兩個圓圓的乳罩，簡直快把我笑暈了。」

廖亦武頂著大光頭，微胖，四川鄉音濃重，擅於插科打諢，彷彿江湖說書藝人。悲劇到他嘴裡，成了鬧劇。他說新來的囚犯不習慣當眾大便，因此便祕，上廁所時眾人圍觀，像看動物園的猴子，越大不出來，大夥越開心。自己的笑話也有，他因違規被上反銬（雙手銬在背後），十天半月下來，身上的癢可在牆上磨蹭，生殖器搔癢難耐，要付錢請獄友抓癢。講完他又笑不停，「現在想起來，笑很不應該，但的確很好笑。」

五十七歲的廖亦武是當今國際文壇中深受注目的華人作家，《底層訪談錄》等作品無法在中國出版，卻有英、法、德等二十幾種譯本。他曾多次獲諾貝爾文學獎提名，在二〇一二年獲得由法蘭克福書展頒發的德國書業和平獎，之前的獲獎者有美國作家蘇珊・桑塔格、捷克前總統哈維爾，廖亦武是第一個獲得此獎項的華人。二〇一一年他從中國偷渡到越南，目前定居德國，此次他來台北參加筆會活動。

一九九〇年坐牢前，廖亦武是中國知名詩人，八九年六四前夕，他的詩人朋友都在天安門前，慷慨激昂，只有他對群眾運動感到不耐，離開北京，回到四川。加拿大漢學家戴邁河來四川找他，帶來了一個在當時尋常人家沒有的，裝有天線的收音機，「早不來晚不來，他偏偏六月來。」電波一通上，「瞬間把天安門的現場帶到我的屋裡。」

六月二號，連四川涪陵這種小地方，都布滿配槍的武警，廖亦武覺得很不對勁，一向對政治冷感的他，在三號下午寫了長詩〈屠殺〉：「向學生、工人、教師、攤販開槍！掃射！掃射！瞄準那些憤怒的臉、驚愕的臉、痙攣的臉、慘笑的臉、萬念俱灰和平靜的臉掃射！盡情地掃射！……」八個小時之後，詩如讖言，開槍，掃射，現實中的大屠殺應驗發生。

四號凌晨，廖亦武在家裡朗誦〈屠殺〉，由戴邁河錄成卡帶攜走，在十幾個城市裡大量傳播，「我們不知天高地厚，像是慢性自殺。」之後戴邁河被驅逐出境，廖亦武被判刑四年入獄，和刑事犯關在一起，獄友有人口販子、江洋大盜，也有把老婆殺了吃的碎屍犯。囚犯間的私刑，比被審訊還殘忍，廖亦武曾經在獄中見過一份菜單，共有一百零八道菜名，他默背起來，例如：

家常菜類〈百雞宴〉：「三至四人頭尾倒錯交疊，互咬陰囊，並且手臂一齊大張，學雞翅搧動。」〈川味煙燻鴨〉：「燒陰毛，並翻開受刑者包皮，將龜頭燻黑。」工藝菜類〈童子啣花〉：「將草或筷子插於受刑者肛門，令其彎腰胯間探頭啣之。」

講起坐牢總笑得出來的廖亦武，其實在裡面自殺過兩次，「在裡面先求活下去，還管什麼尊嚴不尊嚴。我對其他犯人，來不及愛，也來不及恨，只能先把今天平安度過，明天又來了。」一位老友說，「原先他個性張狂，蓄著長髮大鬍子，出來後他整個人都變了，江湖上還有他在獄中被性虐待的傳聞。」

採訪時，廖亦武總時不時撇頭，用目光找尋他在台北唯一熟識的友人，出版社編輯廖志峰。廖志峰說，「他對人有戒心，要有熟悉的朋友在旁邊，才能完全放鬆。晚上他都會找我去他房間喝酒，喝醉了就陪他睡，他怕一個人。」作家王力雄曾說，「廖亦武平時總是開玩笑和惡作劇，毫無苦難痕跡。不過那也許正是由苦難造就的。一次旅行路上，我一大早叫他起床，聲音稍大了一些，他驚悸地從夢中一躍而起。隨後他立刻恢復了嘻皮笑臉，但那個瞬間讓我痛入心扉地看到監獄再現。」

出獄後妻離、子散。女兒跟著母親，不讓他見，昔日朋友見他上門如見瘟神。無論做什麼工作，都會被通報他的政治犯案底。他在獄中學會吹簫，於是流浪於茶館間吹簫賣藝，並化名為「老威」，訪談邊緣人。「入獄後才真正接觸到非常底層的人，這是中國沉默的大多數，而不像我八〇年代去流浪，表面上看起來像流浪漢，其實還是一個名詩人，到處都有詩社接待，有好吃好喝的。」

下了地獄十八層，再回來時，成了人見人怕的鬼見愁，那麼就乾脆混跡底層：乞丐、竊賊、毒販、趕屍人、賣春女……，他一邊喝酒，一邊和他們看似無心的閒聊，三次五次七次，像磨豆腐一樣把訪問磨出來。他到山上避暑，遇到一個老人，曾遇上大饑荒，看到有個農民家裡地上一個盆，煮著孩子的肉，若是捨不得吃自己家孩子，就和鄰家易子而食。

山中偶遇，吃飯喝酒，就能讓他碰上一段最驚世駭俗的歷史。他的訪談比小說更小說，世間的光怪陸離都讓他撞上了，真那麼神？或許在中國，遍地都埋著苦難，只待挖掘；又或許同樣底層的人，都有烏雲籠罩，能找到彼此。被追緝的法輪功學員敲門求助，左鄰右舍沒人敢應，他遲疑了一下開了門，原先只想讓她們進來喝杯水就走，仍舊開了錄音機訪談，代價不低，公安找來，他抓了衣服跳窗逃走。

他生不逢時，出生時剛好碰到大饑荒，一、兩歲時餓到全身浮腫，大人煮了一鍋中藥，讓他在上面熏，「大概把腦子熏壞了！」接著文化大革命，教書的父母被遊街示眾，「讀小學時，有次我媽被押到川劇台上，老師說你們看廖亦武他媽在那挨鬥。我再也待不下，逃學在外，變小流浪兒。」文革結束恢復高考，他考不上大學，當過煮飯工，也開過大卡車，後來寫詩成名，曾去武漢大學作家班讀了一個學期，受不了約束，學他心儀的美國垮掉一派詩人，搭火車四處浪遊，總在路上，直到一九八九。

他將訪談集結成《底層訪談錄》，出書後出版社遭受巨額罰款，報導的《南方周末》主編被革職。「我那時做好夢，一年寫一本，賺個幾十萬，說不定兩三年後我就可以買個大房子。出獄後我像野狗一樣，一天到晚被攆來攆去，哪知道把這個飯碗也給我端了！獄裡教我吹簫的師父說，『這個世界本身就是監獄，監獄的外面，還是監獄。』我以前不同意他，後來懂了。」

《底層訪談錄》在中國無法出版，在國外有藍燈書屋的英譯本，暢銷一時。好不容易有活路，公安卻頻頻搜查他的住所，沒收書稿。他將坐牢經歷寫成《六四・我的證詞》，被搜走兩次，「第一次被搜走，非常絕望，但令人更絕望的是，你經歷這麼多的苦難與折磨，卻像一個氣泡一樣消失了，這更加恐怖，只好重寫。第二次被搜，簡直想自殺，從沒電腦寫到有電腦的時代，磁片複製好幾份，到處藏。」

二〇一一年，廖亦武將《六四・我的證詞》書稿寄給德國出版社，他知道一旦出書，很有可能要再度入獄。他偷渡至越南，搭機前往歐洲。他的出中國記，在德國成了新聞事件，新書上市旋即大賣，出版社一口氣和他簽了六本書合約。

流亡者落腳柏林，用版稅買了花園洋房，四年了一句德文都不會說，生活細瑣都靠翻譯幫忙打理。新婚妻子是朋友介紹，小他三十歲的中國藝評人，女兒才剛出生三個月，他從懷孕到生產一路陪伴，「剪臍帶時醫生說我忒鎮定。」老來得女，他眼裡都是笑。留在中國的無緣女兒，出生時他正在牢裡，「她二十幾歲了，我們形同陌路，相處的日子加起來不到兩個月。」

《紐約時報》的記者傅浩文曾經跟著廖亦武去川震採訪，廖亦武說，「有位母親的女兒被校舍壓死了，她一直嚎哭，我無法採訪，就把錄音機對著她，把哭的過程全錄下。傅浩文說別的記者早關錄音機了，我還翻面。我說她的哭聲有變化呀，這些都是細節。」

採訪期間，有一晚在海產店，酒杯乾了又斟，清一色高粱。漸漸有人不勝酒力醉了，時候到了，廖亦武從背包裡取出一個算盤，揣在懷裡，像彈奏吉他一樣地撥弄，接著是低沉的簫聲，最後壓軸的樂器，是他自己，扯裂喉嚨般的仰天嚎叫。有種傷痛無以言說，都在那哭聲，那嚎叫裡。

【叫魂】——拾遺

有些書像吞入湖心的小石子，出版之後旋即隱沒，你會覺得自己是孤獨的讀者，心中的觸動無人可說。

例如老威三卷本的《中國底層訪談錄》，分「黑牢訪談錄」、「民間訪談錄」、「文人訪談錄」，二○○二年麥田出版，據說賣得非常差。我應當是逛書店時無意中翻到，就再也放不下來。已經是舊書了，書後還蓋著「全國最便宜的書店」礙眼的藍章，記得當時讀完大為震撼，像是被重重揮了一拳。

老威這傢伙太牛B了，怎麼能採訪到這些彷彿深埋在黑暗岩層裡的畸零人，「黑牢訪談錄」第一篇就是〈碎屍犯盧人標〉（後來收在允晨出版的《洞洞舞女和川菜廚子》），長期戴綠帽的武大郎，有一天終於反撲，拿斧頭砍過去，「這女人的肉太多了，一斧下去，開一條槽，她身上就多了條陰道。這世界、這屋子都是陰道！

這種聯想讓我亢奮極了。」盧人標殺妻、姦屍、最後將妻子支解吃掉，不妨礙他充滿愛意，「當我支解李淑之時，全神貫注，每根神經都像接著電源，通過一陣陣酥麻和心靈內的光，使她的局部活轉過來……瞧你這幅相貌堂堂的公子哥兒樣，是不可能銘心刻骨地愛某個女人的，你是愛自己勝過愛別人，我沒你這種個頭和氣質，只好用全部身心去為情賭博。」

老威何許人也？每一篇開頭都有「採訪緣起」，他總能跟著律師，打破層層通關，直探中國最暗黑無光的牢中之牢，把最光怪陸離、匪夷所思的故事帶回來。如何辦到？怎麼可能？

謎，一團謎，懸念暫且擱置，二○○二年我是寫著陰陽五行論文的研究生，心無旁騖，志在向學。如何會知道自己在十三年後會成為記者，老威從迷霧中走來，成了廖亦武，那些故事原來不是他有什麼通天法寶，而是，廖亦武自己就「身在其中」，他因寫詩坐牢，一個政治犯被丟在作奸犯科的刑事犯中，承受種種不足為外人道的酷刑，齷齪、下流，人欺人，狗咬狗，天地不仁，自生自滅。

十三年後傳奇老威成了出逃中國的廖亦武；潛心向學的研究生，成了半路出家的記者。即將要見到他，又驚又怕，尤其是自己也成了以採訪人物為業的記者，才知道，要成為像廖亦武那樣的採訪者，絕無可能，不唯獨我，《紐約時報》的王牌記者傳浩文，也曾好奇他的獨門祕訣，跟著他採訪，後來的心得也是，「一般記者早關錄音機了，不會像你這樣。」

誰也做不到像他那樣，因為我和傳浩文，都是印有名片，領有薪水的「記者」。我們不會喝個爛醉，撐著眼皮，藉著酒意穿透防衛心重的甲殼，把故事一點一滴釣出來。我們不會把自己弄得像個流浪漢，在泥裡撒賴打滾，讓塵土成為保護色，穿行於無間地獄。我們不曾在獄中被上過幾星期的反銬，當手銬一解開，胳膊瞬間脫臼，一條條肥白的蛆從腋下掉落，在地上蠕動。我們不曾，因此我們在不能逼視的苦難前會菩薩低眉，關掉錄音機，只有從地獄回來的人不會。

從地獄回來的人，微胖，膚白，帶著銀框眼鏡，頂著滑順的大光頭，早沒一絲逆境的戾氣，出乎我意料之外。

見他的第一晚，他顯得拘謹，沒答應採訪，先喝高粱，酒過幾巡，夜深人靜，他拿出算盤，撫弄一陣，接著就把自己當成樂器，開始「噓」。我沒廖亦武的能耐，一瞬間我忘了我是記者，只覺得他叫出了我的魂。在座諸人，心蹦蹦地跳，皆無語，都像是海參翻出了內面的腔腸，袒露無遺，脆弱得彷彿輕輕一碰，就要掉淚。

隔天我又記起我是個記者了，去約訪，廖亦武傳話來：那天喝酒妳不是採訪過了嗎？他老大不情願，好不容易弄了一個午飯空檔，不是夜晚，沒有酒，他的痂殼長回來，有戒心，講話不順暢了。我知道，我錯過了最好的時刻，在那個神諭之夜，打死我都要打開錄音機才對。

回到讀者的身分，直到現在，我仍然覺得我是一個孤獨的讀者，廖亦武在國際間有高知名度，但在台灣讀他的人實在太少太少。那麼這篇〈地獄遊記〉，姑且就當成一個引子吧。

二〇一二年五月

荒謬與真實

徐冰

圍欄中，兩頭豬身上蓋滿文字，公豬身上蓋的是偽漢字，母豬身上蓋的是拉丁字母所組成的不存在的字彙，無視圍觀的人群，正值配種期的公豬母豬忘情地交配，且一邊交合，一邊踐踏滿地的書籍。這是中國藝術家徐冰一九九四年的作品《文化動物》，典型的徐冰風格，總是挑釁藝術的崇高與規矩，讓「文化人」不知所措，他說，「所有看這作品的人都被戲弄了，和我其他作品一樣，它不作用於沒有文化的人。」

儘管如此，以徐冰今天在西方當代藝術界的重要地位，展出作品的都是一等一的「文化場所」：紐約大都會博物館、倫敦大英博物館、巴黎羅浮宮……。此次來台，我們和徐冰約在展覽他作品的誠品畫廊。他一口標準的京片子，拘謹、文氣，臉上唯一的喜感是彷彿用圓規畫出來的圓眼鏡，搭配東方人少見的尖鼻子，他笑著說，「曾經有人說我像哈利波特！」

今年五十七歲的徐冰，曾獲得美國文化界的最高榮譽——麥克阿瑟天才獎，二〇〇八年在香港蘇富比，他的作品《鳥飛了》賣出近七百萬人民幣的高價。徐冰生於四川重慶，出生的那天重慶罕見地下了雪，故取名「冰」。出生不久父母就到北大工作，所以他從小生活在充滿學術氣息的北大校園，母親且是圖書館員，「她帶著我去工作，那時我還太小，都讀不懂，但生活裡觸手可及都是書。」

然而，和成長於中國六、七〇年代的人一樣，徐冰和書籍的緣分，戛然止於一九六六年開始的文化大革命，「這很奇怪，當我不識字的時候書多得不得了，可當我能讀書時，就只有一本《毛語錄》可讀。所以我們這一代人和文化的關係總是特別彆扭。」

文革時，任職於北大歷史系的父親被劃為走資派，全家被連累。徐冰在接受美國藝評家的訪問曾說，「有次我和朋友在一起時，街上突然變得混亂。我們看到一些拿標語、喊口號的人，後面還跟著一大群被遊街的『黑幫』。我的朋友覺得很興奮，但我沒法看下去了，因為我看到第一個黑幫分子就是我父親。他被勒令穿著一雙巨大的鞋，那雙鞋非常重，所以他只能拖著走。」

像一次地牛大翻身，北大的書香家庭成了原罪，文靜不好動，成天畫畫所滋養出的一身白皮膚，都讓徐冰覺得羞愧，「我從小就長得特別白，別人就覺得你是一個資產階級的苗子」；「血緣的汙點誰也沒辦法，能做的就是比別人更努力，好證明自己是個有用的人。所以我那時大量參與宣傳，批判都是要寫大字報，就需要有美術基礎的人。我對政治很不敏感，但我可以把字寫得很漂亮。」

「初、高中時，我等於是學校免費的美工，大部分時間都是去工作，比如我在上課時，常會有廣播說徐冰馬上到幾年級幾班的教室去，幹部要開會，黑板需要幾個大字。後來我做藝術作品，許多人說我的書法寫得好，其實是因為文革時期寫太多大字了。」

彷彿是文革的魅影遺留，徐冰是藝術家，但他的作品往往不是一幅畫或一件雕塑，而是關於「文字」與「書籍」的各種反諷。一九八八年他第一件公開展出的作品「天書」，就讓他聲名大噪。「天書」由四千多個無人能懂的偽漢字組成，徐冰花三年的時間在木板上刻字，想排版印刷成一本書。他找到一家專門印《大藏經》的印刷廠，「他們一看就說這是什麼鬼東西呀？我說這都是我刻的字，這是藝術。師傅先拿一些去試印，印完特別興奮，因為印得特別漂亮。他們都是印古書，反覆印刷後變得很模糊，印了一輩子沒印過頭版。他們被我的技術感動，後來就接了這個活。」

書印出來像宋版線裝書，字體、印刷、排版、紙質……無一不講究，然而金玉其外，敗絮其中，是一本沒有人能讀得懂的「天書」。誠品畫廊總監趙琍說，「徐冰在工作上是著名的龜毛，這次展場每幅作品的間距是幾公分幾公厘、空間的擺設，他都有嚴格的要求，事先畫了設計圖寄來。」例如《文化動物》，徐冰也不忘講究豬的種類，「以二百五十至三百斤，白色，皮細毛稀為佳。品種以美國大約克豬（父系）與中國長白豬（母系）的第一代雜優豬為佳。」

採訪間，我們親眼目睹徐冰的高要求，他要在誠品展出的《地書》每一頁畫上一個圖案。他坐下來之後，先是燈光不對，工作人員便將桌椅挪過，他仍覺得不對，便有人乾脆拿了梯子來換燈管。燈光問題解決後，他又覺得，似乎是選的紙太黃了。在他桌上，準備了毛筆、畫筆、簽字筆……二十來枝各種筆，挑了又挑，他最後挑中一枝自動鉛筆，用之前仍不放心，特地問是用哪種筆芯。

極大的荒誕，與過度吹毛求疵的認真，彷彿冰與火共存於徐冰的作品中，他說，「藝術的力度來自於假戲真做，人們會覺得這麼漂亮的一本書，怎麼可能沒有內容？就會開始思索。創作過程中，你對待它的態度，最後就會決定作品的力度。認真不是為了認真，而是技術上處理得越到位，荒誕性就越強。」

文革後徐冰考上中央美院，主修版畫。他在一九九〇年到美國發展，十八年後才又回到中國。在紐約，他和同是藝術家，也是知名異議人士的艾未未住過同一間地下室，這間位於布魯克林的住所同時也是「王啟明」的地下室，王啟明是姜文在電視劇《北京人在紐約》中扮演的角色，艾未未擔任副導演，因此就以他家為拍攝場景，徐冰笑呵呵地說，「艾未未住在那裡的時候，正在拍電視劇，換我住的時候，電視劇正在熱播呢，很多中國人把那當觀光景點，特地跑來看。」

劇中的王啟明是到紐約追夢的年輕音樂家，後來他棄絕藝術，轉而在商場上廝殺，美國夢徹底變了調。而地下室的另兩個主人呢？徐冰與艾未未在藝術的路上堅持下來，都在西方有高知名度，但兩人的際遇卻又有不同。回到中國，徐冰選擇進入體制，擔任母校中央美院的副院長；艾未未則是拍紀錄片調查川震豆腐渣建築弊案，挑戰中國官方最敏感的神經，被毆打、恐嚇、拘提羈押、追討天價的欠稅……。

之前艾未未接受採訪曾說，他把教室裡的石膏像全摔碎，只因看不慣那些因能讀大學而自我優越的同學，面對枯燥的石膏像卻精力旺盛地作畫。相對於艾未未的反骨，徐冰一直是個深得師長稱許的好學生，他曾在文章裡寫到，「我把自己關在畫室，在徐悲鴻學生的親自指導下畫歐洲石膏像，我比別人用功得多，對著石膏像一坐就是幾小時。」

「回到中國以後有跟艾未未聯繫嗎？」「有聯繫，但每個人都挺忙的，所以聯繫並不多。」「那他去年被捕的事情你怎麼看？你會覺得在中國，政治還是不免對藝術有干預嗎？」徐冰沉吟了一下，「呃……這都挺複雜的事，也都比較敏感，它其實有點複雜，其實。」

舞台上，燈光一黑，徐冰的臉色瞬間暗了下來，就此以後的訪問，感覺他再也無心為之，只想趕快結束。他時常重複的一句話是，「我對政治其實不敏感，其實。」當我們的問題踩到紅線，徐冰的回答就不免結巴，本來就有點拘謹的他，此時更是將心門關得密實，也許是本來木訥的個性使然，也許是在文革批鬥中所長出自保的硬殼，「那時拚命寫大字，有點像僧人抄經，幫父親贖罪。」面對荒謬的姿態不是犬儒或擺爛，而是十足服膺遊戲規則的認真，「上高中時我更加倍為學校工作，長期熬夜，失眠、頭疼，身體很差。」

一九八九年春天，徐冰的《天書》在中國美術館展出，引起轟動。但隔不了多久就是六月四號，「『六四』帶給你很大的震撼嗎？」「那當然是有呀，當然是有呀。」但重複了兩次之後，徐冰又像蚌殼般緊緊地闔嘴了。他絕非不在意，在堅冰似的外殼下，仍有著火焰在跳動，他曾寫到，「六四的時候，我收集了一輛鳳凰牌的自行車，平平扁扁，是被坦克壓扁的，現在我還留著這個東西。因為這個東西，就是現實的一個說明物。」

後記

採訪結束，畫廊總監趙琍送我們出去，徐冰迎面走來，只略微點頭示意，就像一陣風似地飄了過去。趙琍說，「現在的中國藝術家都很長袖善舞，懂得自我推銷。其他的藝術家都想和媒體打好關係，採訪結束一定親自送到門口，不像徐冰，他真的特別老實。」

背十字架的人

二〇一二年三月

李滄東

坐在我對面的男人，時而托腮皺眉，時而雙手抱胸，沉吟再三，彷彿正在腦海裡打轉的是什麼量子力學的天文難題。冬天的首爾，氣溫下探零度，陷入長考的男人，彷彿就要石化成羅丹的雕塑「沉思者」。好不容易，雕像開口說話了，吐出反覆琢磨的語句，即使是透過翻譯，我仍然可以感覺到那詩一般的質地。

我們坐在韓國導演李滄東的辦公室裡，牆上掛著他自編自導，獲得坎城影展最佳編劇《生命之詩》的電影海報。劇情是一個老婦學寫詩的故事，也帶出韓國青少年的嚴重霸凌問題。一首詩的完成，可以是樹葉間篩落的光影，也可以是貧窮少女的犧牲獻祭，生命的黯黑與輕盈交織著，是李滄東電影的正字標記。

「仲夏那長久的等待／像父親臉龐的老舊巷弄／羞澀地背對坐著的野菊花／也知道我有多愛你。」

影片結束於一首詩，「詩是我寫的，但寫得不好，我沒有寫詩的天分。我二十幾歲的時候寫過詩，很久沒寫了，不過一直有睡前讀詩集的習慣。」今年五十八歲的李滄東，四十三歲才拍了第一部電影《青魚》。此前他是教韓文的高中老師，也是一個優秀的小說家，「寫小說寫到三十九歲時，發覺自己沒有才能，感覺很絕望，想找另一件不熟的事情重新開始。」四十歲之後才踏入電影圈，至今五部電影的產量不算多，卻囊括坎城、威尼斯等大獎，奠定他在國際影壇中的重要地位。

乍看李滄東會覺得他一臉苦相，即使笑起來也帶點勉強。典型的創作者總是跟自己的作品過不去，進而困於自我懷疑的迴圈。「拍電影的話就不會有絕望感嗎？」「也是有，但寫作只能自己去承擔，拍電影至少是團隊工作，你會分心，不會一個人在那裡苦惱。」一起合作的副導演李宗彥也說，「在拍片現場他總是在苦惱，雖然電影劇本都是他寫的，但開拍以後，他還是常常在現場臨時改劇本。」

「當導演必須要有不得不說的故事，故事是最重要的，是成為導演的第一步。」從寫小說到拍電影，苦惱不曾稍減，但故事仍要繼續說下去。說故事的動力來自於對過往的罪惡感，「一九八〇年五月十七日，當時我是大四的學生，因為政府下令關閉學校，那天去學校時，不得其門而入，一群人無所事事，便到同學的宿舍玩花鬪（韓國的一種賭博遊戲），結果那天大家玩了通宵。那時鎮壓『光州』的消息全被封鎖，幾天後透過一些傳聞才知道，那些人在流血的時候，我們一群人卻在徹夜賭博。」

通宵達旦狂歡的隔一天，發生了韓國歷史上著名的「光州事件」。一九七九年獨裁者朴正熙遇刺身亡，全斗煥趁機發動軍事政變，隔年宣布戒嚴，停止國會運作，嚴禁集會活動。位於韓國南部的光州一向是民主人士的聚集地，五月十八日在當地的抗議活動，被全斗煥派出軍隊血洗鎮壓，造成數千名手無寸鐵的民眾傷亡。

「後來其中一起玩牌的一個朋友，手抄了要求民主的傳單，貼在公共電話亭裡，很快就被軍人抓走，慘遭刑求。當年這些事情，讓我有很大的罪惡感，不只是我，跟我差不多時期的作家、導演，都有類似的心情。」

講起沉重的事情時，李滄東的語氣仍然很輕，很輕，輕到只能捕捉到如游絲的氣音。如果不透過翻譯，不知道內容，會以為他正低聲吟誦一首詩。或許就像他的電影總有舉重若輕的能力，重重提起，輕輕放下，無論是再怎麼樣殘酷的題材，都能閃現詩意的靈光。

在千禧年之際，當所有人都往前看的時候，李滄東拍了《薄荷糖》，「過去的痛苦都還未解決，怎能一味往前。」影片藉由倒敘的形式，回顧了九七年的亞洲金融風暴，南韓經濟重創；九〇年代的炒股暴富；八〇年代戒嚴時期的白色恐怖，最後止於一九八〇年的光州事件。

三十年前還在讀大學的一代人，如今已年過半百。以暴力題材見長，同為知名韓國導演的朴贊郁也曾提到，「當那麼多人為了民主流血犧牲，我卻只是一個旁觀者，這種罪惡感一直沒消失，似乎也會跟著我直到死去。」往事並不如煙，旁觀者也自覺地扛起十字架，不讓歷史如煙消散。相較於「六四」在中國是不能說的祕密；「二二八」在台灣成了選舉時政客撕裂族群的利器。「五一八」在韓國民間的努力下獲得平反，一九九六年主事者全斗煥被判死刑，後來在總統金大中的特赦下改判無期徒刑。

一九九八年，韓國將「五一八」定為文化節。而二〇〇三年李滄東曾在藝文界的推舉下出任文化部長。他笑著說，「我完全不能適應，妻子也很不習慣每天要燙很多的襯衫。聽說台灣將要成立文化部，我以過來人的經驗建議，千萬不要讓侯孝賢去當文化部長。」但他也不諱言文化部的重要，「韓國政府十幾年前就投入大量資源，才有今天的榮景。」

台灣影評人麥若愚曾提到，「李滄東在任期內大力鼓吹電影配額制度，要求戲院全年必須有四〇%的映期放映本國電影。他當文化部長的那年，本國電影市場佔有率高達五成。全年票房統計，前十名有七部韓國片，好萊塢只佔三個名額。」

採訪期間，我注意到了李滄東的書架上，放著一張看了令人毛骨悚然的黑白照片，照片左方一隻手提著一顆剛砍下的頭顱，照片右方，一個小兵模樣的男人，肩上扛著斧頭，笑嘻嘻地看著血淋淋的斷頭。畫面的荒謬性，會讓人以為是哪部電影的劇照，問了李滄東，原來這是一張韓戰時期外國記者攝下的新聞照片。「被砍下的頭是逃到山裡的左翼游擊隊，砍人的是討伐他們的政府軍。砍人的在笑，他不知道自己在做的是一件很殘忍的事，我覺得這個場面看起來很具衝擊性，也很悲傷。」

攝影 蘇立坤

我們想要翻拍下這張照片，卻被李滄東阻止，彷彿那張照片是他不能外露，極為私密的「心象」。他剪下報導後，還用金屬材質的相框裱上，鄭重地放在書架上日日相對。採訪後看了一篇訪問，才知道李滄東的父親有左翼背景，「童年時家裡很窮困，我父親是左翼，因為它而受到的痛苦不可勝數，也許你不能相信，我從五歲時就想到人生是地獄。」

南韓和台灣有著相似的歷史發展進程，韓戰後南、北韓的分裂相當於一九四九年後台灣和大陸的隔離，在同樣親美反共的背景下，任何與左派有關的思想都被視為毒蛇猛獸，扣上「共匪」的紅帽子，淪為蹲苦牢的政治犯，和台灣如出一轍。在他的電影《薄荷糖》中，警察可逕自搜查大學生的宿舍，發現《資本論》等「禁書」就可以加以逮捕。

問起李滄東童年的困苦事，他總是點到為止，不願意多說。「許多人問為什麼我電影中的人物都是社會邊緣人物或是承受痛苦的人，或許是因為我的成長背景，這些人和我是很接近的。」《生命之詩》中的老婦靠吃重的打掃工作獨力撫養孫子，沒想到孫子捲入性侵事件，又發現自己得了阿茲海默症。《密陽》中的少婦在喪夫之慟稍稍平復後，帶著相依為命的稚子來到亡夫的故鄉定居，卻被歹徒盯上，稚子慘遭撕票。否極不一定泰來，禍總不單行，李滄東的電影彷彿要把所有能受苦的可能加總至極限，以試探深淵的底部究竟在哪裡。

「我覺得人生經歷的痛苦都有意義，但重點不在造成痛苦的罪咎本身，而是關注人在痛苦中的狀態。」我問他對這幾年韓國流行的「復仇」類型電影有何觀感？他說，「觀眾很容易就可以跟著劇情走，復仇成功的話也會覺得很痛快，但電影並沒有對於生命和復仇的意義提出質問，只是純粹去執行復仇本身，觀眾看完之後會會感到滿足和舒暢，但並不能捕獲更深沉的情感。」

李滄東說他將來想要拍一部關於韓戰的電影。一九五〇年，那是在他出生以前的事了。我們離開的那天，首爾鬧區有個戶外大電視，正轉播著金正日的葬禮。韓戰六十年後，電視裡的北韓人呼天喊地、悲慟無比；電視外的南韓人事不關己地忙著逛街購物，彷彿螢幕上播放的是一部過時的黑白電影，不曾停下腳步為之駐足。

後記

李滄東很喜歡跟劇組同事、演員一起去卡拉OK，他說自己不愛唱歌，都是別人上台唱，「人在那個狀態下很放鬆，能觀察到一些平常不會浮現出來的幽微面。」去年他來台擔任金馬獎評審，頒獎典禮結束的當晚有個慶功宴，他曾不止一次說過喜歡侯孝賢的作品，於是打算去跟侯導打聲招呼，「四周是非常歡樂浮動的氣氛，我看見侯導和舒淇躲在角落沒和任何人說話，那是一種在人群中的寂寞，和周圍是脫節的，浮躁的情緒瞬間安靜下來，這一刻很耐人尋味。」

附錄　文化評論人胡永芬在報導刊出後補充

文中引述影評人麥若愚就李滄東對於韓國電影保障制度的貢獻，與事實可能有些許出入。

在李滄東任職韓國文化觀光部部長前的二〇〇〇～〇一年間，他就曾出任電影配額制文化團體對策委員會會長，以及電影人會的對策委員長，當時他確實是電影配額制的絕對支持者，更是韓國國產電影發展利益優先的鼓吹者。

但是在二〇〇三年韓美投資協定（簡稱ＢＩＴ）協商中，美國提出了「減少電影配額」的配套條件，當時已擔任韓國文化觀光部部長的李滄東一百八十度地改變了立場，改為支持美方「減少電影配額」的提議。

這在複雜的政治浪潮中或許是難以言說之不得不的決定，深深傷了之前與他同一戰線的韓國電影界友人的心，甚至嚴厲的以「變節」稱之，最後還引起了電影界人士第二次以集體剃光頭表示抗議的二次「光頭運動」，一般咸認為，這正是李滄東之所以在短短十六個月任期之後黯然下台的最大隱痛，或許，這也是他之所以意有所指的在去年來台的座談會中，以及這次採訪中，都重複再三敬告侯孝賢導演「千萬不要去當文化部長」的原因吧。

過於喧囂的孤獨

二〇一二年八月

陳為廷

安迪．沃荷說，「每個人都有機會成名十五分鐘。」對清大學生陳為廷而言，七月二十八號是個看似尋常的週末午後，睡到中午起床，吃完午飯就到網咖上網，將一張網友傳來的圖片貼到自己的臉書上，因為下午要打掃準備出租的房間，這天他沒有掛網太久即匆匆下線，晚上一個人逛苗栗夜市，吃了一碗土虱，沒什麼事值得一提，稀鬆平常，像暑假裡百無聊賴的一天。

在夜市裡閒晃遊蕩的同時，陳為廷還渾然不覺自己的名字、照片正像個通緝犯似地，開始在整點新聞中反覆強力放送。稍晚朋友打來，他才知道自己上了新聞，成名的代價不輕，中天電視揚言對他採取法律行動。

話說從頭，七月二十五號NCC有條件通過旺中集團併購中嘉系統案，使得黃國昌等反對媒體壟斷的學者到場抗議，隨後《時報週刊》獨家披露，當天另一群抗議學生疑為用錢動員的走路工，進而質疑黃國昌為幕後黑手。媒體鋪天蓋地報導下，網路上則有另一種聲音，PTT上的鄉民截取了中天新聞的走路工畫面，其中一位中年男子經過比對，赫然發覺是《時報週刊》的副總編輯林朝鑫，圖片隨即被大量轉貼，鄉民們質疑走路工事件實是爆料媒體自導自演。

圖片的來源不明，被挑中殺雞儆猴的陳為廷，只是轉貼圖片的其中一人，「我每天一睜開眼睛，幾乎都在上網，上網都在把妹、和女孩子聊天呀。」依約來到咖啡館，單眼皮、瞇瞇眼的他，的確就像長久掛網總睡不飽的鄉民。窗外風雨飄搖，今天實不平靜，看不慣近日旺中媒體強力砲轟黃國昌、陳為廷，早上十點學生們集結在中天電視台前抗議，短短兩天透過網路串連，颱風天仍有七百名學生到場，學運的老前輩王丹說，「出席人數遠遠超出了我的預期。這是第一次，我為我的判斷失誤而感動。看到那些年輕面龐上的憤怒和熱情，我彷彿看到了二十多年前的自己。」

身為苦主的陳為廷卻缺席了，「怕去了模糊焦點，我的官司只是枝微末節，應該回歸到旺中所引發的媒體霸權現象。」即將升上大四，才二十一歲的陳為廷十分熟稔社運場上的輕重緩急，投書報紙的成熟論述能力，則讓不少人誤以為他是碩博士生。他有新世代網路成癮的一面，常通宵掛網和人筆戰，但另一方面，他並不只是伸伸指頭貼圖按讚，而是具有行動力，深入苗栗大埔農村、華隆紡織罷工現場蹲點做採訪調查。

關注台灣新一代學運的文化評論人張鐵志說，「近幾年從守護樂生、野草莓運動，到反國光石化、反美麗灣開發案等社會運動，都可見到一波波的年輕學子積極投入，和傳統學運最大的不同是，網路起了關鍵的串連作用。關於網路動員有種說法是『萬人響應，一人到場』，但我反對這種說法，按讚雖不直接等於行動，但至少議題已經傳播出去，要先獲得資訊，才能有所作為。今天可能有一千人按讚，只有三百人到場，但如果照傳統方式動員，可能就只有五十個人到場，三百人還是比五十人多得多。」

一九九〇年出生的陳為廷正是新一波學運的典型例子，讀建中時就已積極參與野草莓學運，「陳雲林來的那天我高三，離學測不到兩個月，我數學很爛，放學後本來要去補習，走到台北車站發現整座城被淨空，圍滿拒馬，忠孝東路上一輛車都沒有，很肅殺，那是我從來沒見過的台北城。所以我翹課了，到行政院前加入學生靜坐，當天晚上就在那裡過夜。早上回去洗個澡再去上課，但還是一直上網 follow 現場情況，到四點多版上說要抬人，我趕快從後門溜出去到現場聲援，那是我第一次被抬上警車。」

與公權力肉搏的衝撞，交織著憤怒、暴力與疼痛，是一次十足震撼的成年禮，因為太投入，後來還因曠課過多而沒畢業。但在三年前，他還只是終日苦讀的苗栗國中生，往返於學校、補習班、圖書館之間。「國二時因為校長取消學生發聲的管道，我曾發起一場學生連署，表示抗議，後來老師送我一本楊照《迷路的詩》，書中『建中青年社』的學生敢於反抗教官，討論的是美麗島大審的嚴肅議題。而週遭沒人能跟我談這些，所以我下定決心要考上建中，加入建青社。」

說起國二發動學運的初體驗，陳為廷像是個羞於回首輕狂往事的過來人，搔搔頭笑著說，「現在回頭看，那真是不成熟的舉動呀。」在社運場上，他是個過於早熟的跳級生。提早被催熟的果子，外紅內青，內裡藏著身世的苦澀。出生前三個月父親車禍身亡，相依為命的母親則在他十三歲時罹癌過世，從此由舅舅收養，改從母家姓，名字也請算命師改過，新名字篡奪了媽媽叫了十來年的舊名字，「叫『為廷』也不錯啦，後來我的英文名字就取成『Waiting』。」

不知道是不是掩藏得太好，聊起身世，聊起這陣子被告的事，陳為廷還是一派樂天，可以嘻嘻哈哈地告訴我他最近的情史，「和新女友才交往一個多禮拜，認識的第一天我們就交往了。」教過陳為廷的王丹這麼形容他，「因面容討喜，動作誇張，而頗有人緣，有清大地下學生領袖之姿。」開心果般的人物，輕盈與深沉，說不定是一體的兩面，像是一顆被充滿的汽球，表面平滑得摸不到一點坑疤皺褶，但你會知道那汽球已經撐得過度飽脹，只要用指甲輕輕一刮，就會轟然爆裂。

隔幾天我們來到苗栗頭份華隆罷工的現場，陳為廷流利地和工人講起客家話，「我媽高商畢業後在這裡工作過四年，這些阿姨們有可能是她當年的同事，聲援他們，是社會運動的實踐，更是我的尋根方式。」回到農村也是尋根，「媽媽要上班養家，我是外婆帶大，外婆那時已快八十歲，但每天傍晚都會背著我走長長的路，到巷口等媽媽回來。後來我下鄉做訪調，和老人家聊天，才了解外婆那一輩人是怎想的。」

來到苗栗，跟著陳為廷到處走走，感覺他沉穩下來，心事變多，但會多吐露一些心裡話，「媽媽生病住院時，我很少去看她，後來我怪舅舅為何不告訴我她得癌症，舅舅卻說他告訴我好多次了，是我一直逃避，害怕她會離我而去。」母親過世後舅舅搬來苗栗照顧他，三年後他考取建中北上，舅舅就搬回台中住，「在台北像個異鄉人，但回到苗栗家裡也是空蕩蕩，故鄉要如何成為故鄉？我只能透過參與苗栗在地的社運，重新找回歸屬感。」

被媒體狂轟濫炸的隔幾天，陳為廷特地北上，T恤短褲夾腳拖，一個人單槍匹馬在NCC前面召開記者會，面對十幾台攝影機講話不慌不亂，「那天沒人陪你去嗎？」「本來朋友要陪我去，但他睡過頭了。」他輕描淡寫地說，我想起近來在他臉書上湧進數以千計的按讚與鼓勵，但是再多的讚，都兌換不了一雙可供依靠的臂膀，上千個臉書朋友環繞，寂寞卻不曾因此消解，「我很難跟別人交心，」也許就像是一句矛盾修辭，終究是，過於喧囂的孤獨吧。

後記

來到陳為廷苗栗的「家」，他正清空房間準備租人，整理出的雜物堆在客廳，寸步難行，這些雜物或許是外婆、母親曾在此生活的印記，不清掉的話，無法分租房間賺些租金，好減輕舅舅養育的負擔。清掉的話，我無法想像，那是怎麼樣的心理折磨。進了房間，陳為廷正排好布偶要給我們拍照，每晚陪在枕邊的小狗、小貓、小猴子圍繞著他，我開玩笑要攝影記者拍得萌一點，其實不免一陣心酸，這個看似堅強的年輕人，其實很脆弱呀。

【之後】

七月底採訪完陳為廷後，他馬上回苗栗投入華隆工人的抗爭，再見到他時，是他八月中隨著工人們一路從苗栗苦行至台北，夜宿總統府前。

九月一號，反旺中壟斷媒體大遊行，號召了近萬人，陳為廷當然也在其中。

九月中旬，大學紛紛開學，原本聲援華隆罷工的學生們漸漸回學校去了，人力不足，但陳為廷不敢走，他持續號召學生組成巡守隊，守衛著華隆要被資方五鬼搬運變賣的機器。

十一月中，華隆罷工終於落幕，工人們分三次領到積欠他們已久的應得薪資。但同時陳為廷也因違反集遊法被告上法庭。

十一月二十七號，壹傳媒交易案，我的老闆從原來的一個瞬間變成五個。

在上個禮拜，大部分時間我必須待在無風無雨也無晴的辦公室裡，趕著截稿。是誰代我站在行政院、公平會前，在淒風苦雨中徹夜守候，吶喊到燒聲？我透過很多側錄的影像看到他，大冷天裡他猶然是一件短袖T恤，我看見他的好友的母親，大學教授楊翠在臉書上對他叮嚀，「穿多一點。」（他曾在文章裡寫，好羨慕朋友的媽媽是楊翠。而他自己的母親早在他十三歲時去世。）上次見到他是夏天，他腳下總是一雙因為已經穿久了，腳底磨平如薄紙的夾腳拖，然後也總是一件建中時期的運動短褲，原本的深藍色因為反覆洗滌已經泛白。他並不是無所事事，閒得無聊才來關心反媒體壟斷的大學生。四個月間，他支援家鄉的華隆罷工，他聲援被中共羈押的鍾鼎邦，他到教育部前抗議大學商品化（所以我完全可以理解他對蔣偉寧的憤怒），他甄試上清大的研究所，他談了一次短命的戀愛。七月底他上了中天新聞，今天他又因質詢教育部長上了《聯合報》頭條，是他何德何能？還是我們的社會徹底無理荒謬至此？而在臉書以外，這個世界上他僅存的親人，他的舅舅，看到《聯合報》，大概又要來斥責他了。我不是陳為廷的誰，我只是一個採訪過他的《壹週刊》記者，但我很心疼他，心疼這總是過於喧囂的孤獨。

愛是什麼

陳為廷

二〇一四年十二月

十二月二十二號，陳為廷向媒體自爆性騷擾黑歷史的前一天深夜，他在臉書上換了一張大頭貼。地點是公館附近的寶藏巖聚落，舊照中的他體型清瘦，坐在高椅上，抬起頭，蹺著腳，嘴角有掩不住的笑意，志得意滿，青春飛揚。

寶藏巖對他有特殊意義，二〇〇七年，上百名警察將原住戶強制驅離，爆發嚴重衝突，當時是建中高二生的陳為廷也身在其中，這是他人生中的第一場抗爭，以青春肉身面對國家暴力。一年後他寫成小說〈聚落〉，得到建中文學獎，刊在《幼獅文藝》，高中國文老師凌性傑說，「他是非常需要愛的一個人，內心敏感，但表面看不出來，只會顯露在文字中。他在文學上很有潛力，可以在校刊上一個人寫兩萬八千字的專題，相當半本論文。」

選前換上這張照片，也許是回到憤怒青年的起點，此後野草莓、苗栗大埔、華隆罷工、反媒體壟斷、太陽花……，他無役不與。照片底下的留言，一開始盡是讚賞，叫他陳立委的也有，二十三號是換日線，從日正當中，跌入深不見底的永夜：噁心、變態、奶昔（襲）哥……，學運英雄成了過街老鼠，人人喊打。

十二月九號晚上，離毀滅性自爆，倒數計時十五天，陳為廷在臉書上宣布參加苗栗縣立委補選。隔天下午，我們到新竹採訪他，三一八之後暴增的名氣，問他適應得還好嗎？「還好呀，因為我當明星比其他人久，（從反媒體壟斷）已經兩年多了。當明星還是有很爽的時候啦，講話才有人聽。很多人說我有大頭症，說不定我真的有權力慾，」自己都不諱言？「對呀，」陳為廷答得理直氣壯，撥了一下瀏海，這是他的習慣動作，他剪了韓國花美男風的髮型，額前覆著厚厚一層瀏海。

兩年半前採訪陳為廷，曾形容他像一顆過度飽滿的氣球，表面光滑，但已瀕臨爆破炸裂的邊緣。

從那之後，氣球仍不斷充氣，自我無限膨脹，冉冉升空，俯瞰人群，在三一八達到頂峰。政治評論家周偉航形容陳為廷是「克里斯瑪型」的領袖人物（Charismatic Leadership），其魅力讓人追隨，不拘小節的領袖氣質，能帶領大家衝破僵固的現狀。

周偉航說，「陳為廷父母早逝，讓他沒有家庭包袱，也沒有道德審視上的壓力，他從事政治活動時會更敢衝。成也這種性格，敗也這種性格。陳為廷參選有其意義，他將媒體的目光帶到苗栗，一件小事也能放大，要不然苗栗長期與外界隔絕，政治人物才可以為所欲為。在選戰上，將性騷擾揭開來的策略是對的，但他沒講透徹，造成整個團隊誤判情勢。」

回鄉參選，讓全國看見苗栗，寧可拿身敗名裂的代價，也要孤注一擲。

陳為廷高中考上建中，大學、研究所讀清大，十五歲以後長期離鄉。他和故鄉最緊密的連結，在十三歲前，他尚未改名，仍然叫做黃暐傑的時候。出生前三個月，爸爸被人刺殺去世，媽媽獨力撫養他長大，到了十三歲，媽媽又罹癌去世。舅舅收養他，他跟著舅舅改姓陳，算了命，將名字也改過，從黃暐傑變成陳為廷，像是兩個完全不相關的人。

半個月前採訪陳為廷時，曾開玩笑要他去找當時改名的算命師，怎麼算出一個具全國知名度的名字？他回我，「我在當黃暐傑的時候已經很紅了！」小學六年級，他得了全國性的總統教育獎，在苗栗是件大事，去便利商店，店員都認識他，因為這個獎的清寒性質，店員拿過期食品送他，反而讓他難堪。

十五歲上台北讀書，黃暐傑的「過去」一筆勾銷，正合他意。他說，「自由不過是一無所有的另一種說法，到台北之後雖然自由，但一無所有的感覺更深刻，徹徹底底成為一個異鄉人。」

母親過世後，舅舅、舅媽從台中搬到苗栗照顧他，他苦讀三年，考上建中，在家鄉、在家族都是大事。他高一就加入夢寐以求的校刊社，學長開了一百本必讀書單，他循馬奎斯、卡爾維諾、張大春、駱以軍一路讀下來，高二參加國科會辦的人文資優營，連續兩年獲得建中文學獎。

高中時期的襲胸事跡，因為一張建中學生證而暴露。文青、憤青、色狼，哪一個是他？陽光與闇影，榮耀與羞恥，《變身怪醫》裡的 Jekyll & Hyde，都是他。

舅舅在他讀高中後搬回台中。放假時回到苗栗家中，他一個人吃著便利店的微波便當。想出門，不知往哪走？他對家鄉的認識很貧乏，只有學校、圖書館、補習班，於是他走進圖書館，看著那些比他小的學弟妹，填鴨苦讀。他是傑出校友，國中畢業後常被老師找回去分享，如何鯉魚躍龍門，考上建中。在苗栗，大家都想知道，怎麼離開。他卻想知道，怎麼回家。

苗栗過年有炮炸火龍，前幾年他刻意去認識玩火龍的少年，有在修車廠工作的，有吸毒的，有混流氓的。有個剛出獄的是他的小學同學，以前一起打躲避球，國中分別被分入好班壞班，從此歧路殊途。

編入放牛班的無法拔根，很羨慕他，而他總是在公路上，在搖晃顛簸的客運中，抵達、離開。苗栗空蕩家中，有一本放滿母親照片的相簿。兩捲錄影帶，內容是（未曾謀面的）父親和母親的結婚典禮。一副大伯送的對聯，將父親的名字鑲嵌其中，謹誌莫忘。

從苗栗返回台北時，他總是小心翼翼地檢查，看看它們是否安放妥善。然後切掉總電源，關門，上鎖。下樓時他默念著，「我媽媽叫陳 XX，我爸爸叫黃 XX，他們在二十年前結婚，爸爸在十七年前過世，三個月後我出生在頭份為恭醫院。」他也始終記得另一間大千醫院，媽媽在這裡被誤診，錯失黃金治療期，轉送台中榮總才診斷出肺癌，已是末期。

他高中的得獎小說〈缺口〉，描繪一個魔幻寫實場景。女人說，沒有辦法忍受一個空洞的靈魂愛我。男人為了證明，將手探入胸膛，取出一顆跳動的心，上面有十元硬幣大的缺口。

心有破洞，終究還有心。他反覆看了六遍楊德昌的《一一》，想知道愛是什麼，人如何能無條件地愛人。他總不缺女友，三一八期間的女友，分了，他說，關係很少超過半年。

愛是什麼？是小時候每天黃昏，快八十歲的外婆，都會背著三歲的他，走一段長長的路，到巷口等媽媽下班回來。外婆不會講國語，只會講客家話，他流利的客家話，是當初外婆一字一句教給他。

是母親好不容易攢了錢，為了他的教育，特別買房子在圖書館附近。是每逢開學，母親都要去拜託老師讓他當班長，讓他能幫助同學，不會因為單親而自怨自艾。是國小畢業典禮，他拿縣長獎，代表畢業生致詞，癌症末期的母親戴著假髮，撐著孱弱的身體幫他拍照。兩個月後，母親走了。

愛曾經慷慨給予，還來不及學會，就倉促收回。在他的小說〈缺口〉中，充滿著各種無預警的失蹤人口，猝不及防，被遺留下來的人，綻裂著，始終無法被填滿的缺口。

攝影 李智為

【一種誘惑】——拾遺

我第一次採訪陳為廷，他跟我說了一件事，然後語重心長地跟我說，叫我不要寫出去。

我依照約定，沒有將它寫出來。那年年底，我在週刊的另一個同事，要做年度小人物專題，她也去採訪陳為廷，然後，文章的一開頭就寫了一段，陳為廷叫我不要說出來的那件事。

我想陳為廷大概是跟每個記者都這麼說，然後都叫他們不要寫出來吧（笑）。

我是那個比較聽話，比較蠢笨的記者嗎？

我遵守了約定，並非只因為那是約定，還有別的原因，以記者的專業來考量，「那件事」並非我採訪他反媒體壟斷的關鍵元素，寫出來並不會增色多少。

那是個誘惑，記者常以「讀者有知的權利」為理由，就說服自己、輕易上鉤的誘惑，一聽到受訪者說，「你不要寫出來喔。」就彷彿聞到血腥味，起了殺意。反正在台灣的媒體環境，受訪者常像免洗筷一樣，一次性使用，用過就丟，我寫出來又怎麼樣？得罪你又怎麼樣？

總之，那一次，我拒絕了誘惑。

更後來，大約兩年後，陳為廷自己在臉書上寫了這件事，以一個受害者家屬的身分，他提到有天在家裡發現一張殺人罪的法院判決書，才驚覺原來爸爸不是車禍身亡，而是被人刺死。媽媽之所以一直隱藏這個事實，是為了不要讓仇恨這顆毒果，在他心中發芽，「我想起那十三年，她沒有任何一次，教導我要去恨、去報復。讓我多了些時間，好好想想這些問題。對於這點，我感到無限的感激。」

沒有在我的報導裡寫出「那件事」，拿到那個獨家，我一點也不遺憾。

「那件事」自有其破土的時機，我不要去揠苗助長，不要去輕易揭露、破壞它。

依於仁

達賴喇嘛

二〇一三年三月

二〇一三

對於七十七歲的達賴喇嘛而言，在印度北邊的達蘭薩拉，此日氣候和煦，蒼鷹於山谷間盤旋，昨晚從喜馬拉雅山上下來覓食的雪豹也已歸返，院子裡的日本櫻花都開了，是再尋常不過的一天。

他如往常趕在太陽出來之前，凌晨三點起床，先喝一杯熱開水，接著做五體投地的大禮拜，然後打坐，結束後再跑一下跑步機，邊運動邊收聽ＢＢＣ的世界新聞廣播。他一年做兩次健康檢查，最近一次是去年底在美國做的，醫師說他的身體狀況像六十歲。

早餐是他一天中最豐盛的一餐，他會花半小時享用。吃完早餐還不到六點，天微微亮，當一般人好夢正酣，他已經做了許多事。中午以前他會讀佛經，十二點整吃午餐，這是他今天的最後一餐，佛教戒律過午不食，只在傍晚喝一杯酥油茶。

中午十二點半，我們和一群前來參拜的民眾，一起在會客廳等候。參拜的民眾必須事先提出申請，並提前一個小時報到，接受拿著卡賓槍的印度警方異常嚴格的搜身檢查，比起之前的漫長歷程，安檢是最微不足道的關卡，群眾裡有像我們一樣從德里顛簸了十二小時的車，一路暈吐過來的；有西藏的民眾，凍傷殘廢了手腳，攀越喜馬拉雅山一步一拐走過來的……。

在安全人員的包圍中，如火燄般跳動的紅黃袈裟，終於燒進我們眼裡。積壓已久的情緒如山洪爆發，有人腿軟站不住，有人淚流滿面，有人不由自主的跪拜撲倒，十四世達賴喇嘛丹增嘉措，在他生命中的大多數時刻，什麼事也不用做，僅僅只是出現，便像一場神蹟。

混亂中傳來他的聲音，沉著有力，像打進地底的木樁，穩住了場面。他大約一七五公分高，習慣微微地屈著身子，因為來見他的人大多都謙卑地彎著腰，低著頭。

四歲時，他被認證為第十三世達賴的轉世靈童，從種青稞、蕎麥尋常農家的小孩，翻身為第十四世達賴。此後他和家人分離，與世隔絕，出宮時必然有盛大排場，小小丹增嘉措從來不需自己走路，而是坐在二十名侍衛扛著的轎上，一般人不能抬頭直視高高在上的靈童，侍衛手上拿著鞭子，只要有人大膽靠近，侍衛就會毫不留情地揚鞭伺候。

眼前再也沒有揚鞭驅趕的侍衛，達賴就坐在我伸手可觸的距離內。我可以清楚地看到他的雙眼皮，看到他的眼鏡原來充滿小機關，剛剛在戶外是淺褐色，進到室內變成透明無色。眼鏡當中有一條細縫，上半近視下半老花，使得手不釋卷的他不用勤換老花眼鏡，相當符合他愛好科學的個性。

「任何一個東西我都想去找它的原因，小時候我會把玩具拆開，看看它為什麼會這樣動。十三世達賴留下一個手搖的電影放映機，只要一搖，裡頭的小型發電機就會發電產生光源，我會特別去看這個燈光是怎麼出來的。」

自從一九一二年藏人將清朝的駐藏大臣趕走，西藏便封閉自守，不與外界接觸，渾然自外於兩次世界大戰之外，也自絕於現代化發展，「一些官員居然說原子彈就跟雞蛋一樣，」講完這句荒謬的話，達賴自顧自地哈哈大笑，翻譯翻完我也笑了，見我笑，他笑得更開心，他揶揄官員的態度，彷彿他還是那個十來歲的孩子，鎮日在布達拉宮裡，只有年老的僕役相伴，了解外界的窗口只有美國的《生活》雜誌，外面的世界有飛機大砲坦克車，而拉薩的街上只看得到牛車。

「一九五四年我去東北的吉林參觀一家發電廠，當時同去的西藏官員都是老年人，他們覺得參觀工廠非常無聊，只有我覺得很有意思，問了很多問題。我特別買了一個電焊的機器想回去研究，店員覺得很奇怪，出家人為什麼需要一個電焊機器。」

「如果不是達賴喇嘛的轉世，你會成為一個科學家嗎？」達賴莞爾一笑，「我曾開玩笑講過，如果我沒有出家，按照我家的背景，我會是一個農民，但我不會是一般拿鋤頭的農民，我可能會開部拖拉機耕地。」

每講幾句話，達賴喇嘛就會埋一個笑梗。兩個畫面都好笑，一個是頂著光頭，穿著僧袍，拿著一台電焊機焊接東西；一個是留著長髮，穿著藏袍，開著拖拉機耕地。

在笑裡，其實藏著憂愁。一九四八年，西藏東部被中共攻陷，一九五一年，西藏代表和中共在北京簽署了「十七條協議」，第一條即宣示「西藏人民應該回歸祖國——中華人民共和國」，隨後兩萬名共軍進駐首都拉薩，西藏從一九一二年以來遺世獨立局面就此被打破，被剝奪所有處理內政事務的主權。

「十七條協議」中還保留著達賴的宗教地位，一九五四年，十九歲的達賴喇嘛以「人大委員副委員長」的身分，與小他三歲的班禪喇嘛，到中國參加人大會議。兩個年輕人面對的是六十二歲的毛澤東，以及五十七歲的周恩來，歷史性的會面其實像個隱喻，面對老謀深算的中國，一向與世無爭的西藏只是政治初級生，達賴曾在傳記裡寫，「當時的我開始熱中於和中華人民共和國合作的可能性；我越讀馬克思主義，就越喜歡，這是一種講求平等、公正的系統。」

然而一九五九年的一個傳言改變了一切，有人說中共將邀達賴去聽音樂會，並藉此綁架他，傳言如雪球越滾越大，三千民眾集結在布達拉宮外抗議，將中共入侵以來的所有不滿一次爆發。中共砲擊布達拉宮，以武力鎮壓集結民眾，在請示三次神諭之後，達賴一行人出逃至印度，開始半世紀的流亡歲月，那年達賴二十四歲。

從德里坐車往達蘭薩拉十二小時的途中，抵達彷彿成謎，盡頭永遠成空，我邊暈車邊嘀咕，印度政府怎麼會把達賴安排在一個鳥不生蛋的偏遠山區。一九五九年當時的印度總理是與中國交好的尼赫魯，不想得罪毛澤東，亦不能無視於國際輿論，雖然接受達賴出亡印度，卻讓他遠離德里的政治核心。

流亡剛開始，達賴念茲在茲的是民主，他不諱言西藏過去的制度需要改革。從小他從身邊打雜的僕役那裡，知道許多底層人民的痛苦，但在封閉保守的舊西藏，改革不易，他十六歲即位以後，始終沒有實權，流亡前一九五六年在印度參觀國會的經驗，讓他對民主心生嚮往。

「中國的會議，台上的人一講往往就是六、七個小時，非常沉悶，底下的人常打瞌睡。在印度就完全不一樣了，有熱烈的討論，有時還有非常激烈的辯論，像是要打起來一樣。」此時他饒富意味地停頓一下，朝我這裡看，我知道他又在埋笑梗了，「但沒有像台灣的立法院會舉起椅子來打人。」果然達到他預期的效果，連同翻譯滿室都哄堂大笑了。

流亡的第二年，一九六〇年，達賴就在德蘭薩拉成立「西藏人民代表大會」，一九六一年擬定憲法草案，其中有一條「只要國民大會三分之二票數通過，就可以解除達賴職權」，他在自傳中說，「『達賴喇嘛可以被罷免』這個念頭，令很多西藏人大吃一驚。我必須對他們說明，民主完全符合佛教的原則，而且幾近專制的堅持保留這項條款。」

採訪期間，適逢議會每年三月的開會，我們進去旁聽，想知道五十年後達賴一意孤行的

「民主」成果如何？來自歐洲、美國、印度各地的流亡藏人議員都出席了，二〇一一年由流亡藏人投票選出來的司政洛桑森格，以及六個部長也列席備詢。

開會的程序和一般民主國家沒什麼不同，只是在議程開始前，全體一起飲酥油茶，吃加了西藏特產的人蔘果煮成的糯米飯，接著念咒默禱。連續一個禮拜的會準備討論本年度的財政預算。只見議長後面掛了一張達賴的相片，一個人，兼具神與王的角色，我狐疑著，政教合一的制度能產生「真民主」？

達賴說，「民主是不是因為大家對我的尊敬而接受？開始的時候可能有，因為一開始推行民主，大家都無法接受，對達賴的尊敬高於對民主制度的選擇。所以我在二〇〇一年就半退休，放手讓他們自己做，我從旁觀察，這十年間我覺得他們完全能擔負起民主的責任，於是二〇一一年我就完全卸下政治責任。」

退休後的生活依然十足忙碌，達賴一年有一半的時間不在達蘭薩拉，而是到印度各地、世界各國弘法演講。達賴辦公室秘書長才嘉說，「接下來他四月要去歐洲，五月美國，六月澳洲。」如此奔波身體受得了嗎？才嘉說，「不知道是不是透過打坐，他沒有時差的問題，常常我們在美國半夜就醒了，下午就想打瞌睡，但他一整天都神采奕奕。他的記憶力也超強，年分、人名都記得一清二楚，有時連我們幾個幕僚都招架不住。」

而待在達蘭薩拉的半年時間裡，也有各式各樣的人來見他，在我之前有個印度軍官，在我之後有蒙古來的高僧。才嘉說，「不管你是國際巨星，還是乞丐，誰來了他都一視同仁。有次大眾晉見，其中有來自中國的富商，一見到達賴就滔滔不絕，另外還有一個來自河南，衣著襤褸的老人家，商人們看不起他，每次老人要講話，就很不客氣的打斷他。這一切達賴都看在眼裡，他便只去跟老人話家常，親切地問他，『你為什麼沒有穿襪子？村裡有多少人呀？』」

才嘉說，「達賴一聽到什麼笑話，就會來講給我們聽，我們如果聽了大笑，他就會很開心。」採訪間笑聲連連，只除了一個時刻。採訪前一天，才嘉先和我們討論訪綱，看到「藏人自焚」這題時，才嘉說每個媒體都會問，他已經回答好多遍，這個問題沒有新意。

我要問的是，從二〇〇九年至今，已經有一百一十四名藏人在西藏境內自焚，這其中有喇嘛、女尼，也有一般平民。年齡從十五到六十幾歲都有，而二十歲左右的年輕人佔了絕大多數。他們自焚的訴求大多是，「讓達賴喇嘛回到西藏」、「我們要宗教自由」。也有一位十九歲的藏族少女，抗議教育部門將藏文教材全盤改為漢語教材而自焚。達賴對這樣的事情怎麼看。

當天我還是問了，達賴答，「我非常非常痛心，但我絕不會鼓勵用這種方式去抗爭，在中共現有的高壓統治下，這種抗議不可能達到真正的訴求……」

重點可能不在他說了什麼，而是剛才頻頻笑場的他，沒有幾秒鐘的時間，他的眼眶馬上濕潤，嘴微微蹙起，身體左右晃動，彷彿眼前浮現熊熊燃燒的畫面，他正處於非常痛苦的情境。這不像是演戲，而是一旦起了這個念頭，他就悲傷得不能自己。

但是，沒有幾分鐘的時間，他又笑了，「現在不要說到中國，我連到台灣都不太可能。去年底我得到一個邀請函，前副總統呂秀蓮邀我去台北參加國際婦女大會，但我沒能成行。沒通過簽證的原因，我想台灣政府大概考慮我是出家人，依戒律是不能參加婦女大會的，嘿嘿嘿嘿嘿……」

沒有控訴，沒有指責，沒有憤慨。有的是智慧、機鋒與淡淡的無奈，足以道盡身為達賴喇嘛說不出口的一切。

後記

採訪時，達賴關注我的一舉一動，我拿出筆記本記了什麼，複述翻譯的哪一句話，他都會好奇地看著我，彷彿我不是一個記者，而是一個隨時會變出兔子的魔術師。沒有高僧的莫測，沒有智者的銳利，那就是一雙孩童的眼睛。他注意房間裡的每一個人，攝影記者忽前忽後滿場飛取景，我早已忘了他的存在，忽然達賴指著後方哈哈大笑，原來是他蹲著拍照，重心不穩跌倒了。

很難想像，一個接受過上千次採訪的人，沒有絲毫的不耐煩，還能有這樣的好奇。

達賴喇嘛 二〇一六

二〇一六年六月·《報導者》

逃亡的一行人騎著馬，連夜趕路二十個小時，回頭望去，暫無追兵，盡頭暗處，惶惶的威脅仍跟了上來。來到小廟暫歇，向僧人借來氈袍，充當鋪蓋，和衣而眠。簡陋雖簡陋，該有的儀節仍不能偏廢，寺廟雖小，仍在二樓騰出一個獨立房間，恭迎貴客。

十三歲的阿里仁波切蹦蹦跳跳地跑上樓，看見大他十一歲的兄長站在窗前，身著醬色束帶長袍，腳套長筒皮靴，看起來與一般藏人無異，卻令他感到陌生。連協助出逃的三十幾名康巴游擊隊員，都不曉得護送的是誰。沉默一陣後，哥哥突然喚了弟弟的小名，語重心長地說：「秋杰，我們現在是難民了。」

時間是一九五九年三月，二十四歲的青年在啟程時脫下袈裟，摘掉眼鏡，換上從兩歲被認證為轉世靈童後，再沒上身的常民衣服。走出羅布林卡寢宮大門時，外頭層層包圍著上萬名擔心他被共產黨綁架的藏人，往常出宮都有華麗大陣仗，他高高端坐金轎上，仰望他的人們，無不跪拜哭泣。

這一次，沒有人認出他來。

逃亡七天後，在中印邊界的高山峻嶺上才接到通知，離開兩天後，羅布林卡就遭遇中共軍隊猛烈砲擊，砲彈像驟雨一樣落下，出逃時驚鴻一瞥的善良百姓臉孔，生死未卜，灰飛煙滅。

回不了頭的新科難民，自身也在生死關卡中，躲過槍管，挨過高山上的沙塵暴、風雪暴，習慣高原氣候的體質下到平地，首先迎來痢疾，虛弱得無法上馬，坐騎改成性情溫和的牛，逃亡十四天後，他終於踏上印度土地。

時間是二〇一六年六月，在印度北邊的達蘭薩拉，半世紀前牛背上的青年，此刻就坐在我對面，將滿八十一歲的第十四世達賴喇嘛，作為此世紀最知名、聲望最高的難民，他硬是將流亡的邊緣處境，扭轉成全世界關注的焦點。

問他五十七年前剛到印度時，最不能適應的是什麼？他說，「首先是我的胃。」他擠眉弄眼地嘿嘿嘿。三年前第一次採訪他時，也聽過一個笑話，剛流亡過來時，沒有人會講英文或印度文，「我們當時有個翻譯，他的一隻眼睛看不見，我們時常要牽著他。有個噶倫（官員）說我們一定要學語言，要不然都要靠一個獨眼龍。」講這段話時，達賴喇嘛笑到不能控制自己，身體前後劇烈搖擺，聽者很難不被他的情緒感染，於是感覺，流亡似乎沒有那麼刻苦。

笑聲後頭的，是二十四歲青年身後，數萬名陸續逃出的藏人，流亡之初，一無所有。

印度政府撥地下來讓藏人定居，都是未開墾的偏僻叢林，不像西藏高原上一望無際的開闊景色，遮天蔽目的原始森林，幽閉的恐懼感，林中傳來野獸的咆嘯，藏人伐木闢地時，常遇見發怒的大象而被活活踩死。

一味接受救助的話，達賴喇嘛覺得是不道德的，他主動建議讓藏人到中印邊界的高山上修築公路，艱苦的體力活，一天的工資只不過一盧比，買了米就所剩無幾。辛苦雖辛苦，卻能往涼爽山區去，止住藏人下到炎熱平地，因水土不服的高死亡率。

達賴喇嘛獨獨向當時的印度總理尼赫魯要了一樣東西：教育，要求設立能傳承藏人的語言文化，也傳授現代知識的西藏學校。並在藏人定居點建立寺院，「在今年，有很多女尼要接受最終的佛學考試，在經過二十年的努力學習之後，成為格西（佛學博士）。在西藏歷史上第一次有女尼取得格西學位，有一些朋友視我為女性主義的達賴喇嘛。」他招牌式的慧黠笑容閃現，接著說，「在五十年之後，我想西藏難民是最成功的難民社群。」

早在二十四歲那年，達賴喇嘛就在西藏三大寺高僧眾目睽睽的圍觀下，通過格西學位考試的答辯。格西的養成，大約需要二十年的時間，慢著，他不是才二十四歲，難道四歲就開始學習？

大他五歲的哥哥嘉樂頓珠，在回憶錄中提起弟弟四歲進入布達拉宮的生活，「即使對一個這麼年幼的小孩，達賴喇嘛的訓練都非常嚴苛，每天六點他就要起床，唸經、祈禱、冥想。」

嘉樂頓珠當時九歲，隨同父母來到拉薩，從平凡的農家，一下翻轉成貴族。雄偉的布達拉宮覆蓋整座山頭，宮中僕役眾多，光是廚子就有四十個。嘉樂頓珠卻說，「那不是一個舒服的住所，沒有電力，空氣中瀰漫著腐臭味，放食物的地方有上千隻老鼠肆虐，冬天沒有暖氣。那地方讓我害怕，如果我被選擇成為達賴喇嘛，我想我會逃走，在家裡，至少我們有暖爐。」

九歲的哥哥，都忍不住想逃走的地方，四歲的弟弟，被迫要和父母分離，獨自和年老的僕役住在冰冷宮中。餵他吃飯的僕役，臉上有顆突出的瘤，男孩會爬到僕役身上吸那顆瘤，像吸母親的奶一樣。達賴喇嘛辦公室中文秘書長才嘉說，「達賴喇嘛常把這件事當笑話講。」

在自傳裡，達賴喇嘛只輕描淡寫一句，「就算布達拉宮是我的監獄，那也是個又寬敞又奇妙的監獄。」

在監獄裡，他的房間位於最頂層，只要宗教課程一結束，他就會衝上屋頂，帶著望遠鏡，往下看和他年齡相近的孩子正在上學，看要被牽去屠宰的牛羊，他會不忍心將牠們全部買下放生，也看不遠處正在服勞役的囚犯，那是另一種人間的監獄，對這些地位與他天差地遠的罪人，達賴喇嘛說，「我把他們視為朋友，關切他們的一舉一動。」

禁錮在塔頂，孤單的，還沒長大的王，沒有一個同齡朋友。即使身為金貴的王，因為無聊，也忍不住惡作劇，往下吐口水到路人身上。每日來偷吃供品的老鼠，都成了他的另類朋友，達賴喇嘛曾說，「我逐漸喜歡這些小生物，牠們非常好看，自行取用每日口糧，了無懼意。」

家人一個半月進宮相聚一次，即使是難得的天倫時光，嘉樂頓珠都說，「達賴喇嘛沒有任何私人生活。」當他逐漸長成青年時，和家人聊的永遠都是西藏的事務與未來。他不只是個宗教領袖，到了十八歲，他就要接下政治責任。而當時西藏人所認知的「政治」，只是內政，沒有外交，山那麼高，氧氣稀薄不宜人居，即使是第二次世界大戰的隆隆砲聲，都不曾傳進來。

這一世達賴喇嘛沒有想到的是，他所要面對的「政治」，是解放軍的侵略，是中、印大國間的夾縫處境，是國際政治下的一顆棋子。他也沒想到，在十六歲那年，距離親政還有兩年，外面的世界就逼迫到眼前了，他在自傳中說，「世界已經變得太小，小到即使是無害的與世隔絕都容不下。」

一九四八年，西藏東部被解放軍攻陷，一九五一年，中共宣稱和平解放西藏，兩萬共軍進入拉薩。達賴喇嘛在眾大臣的請求下，正式即位，他孤孤單單地被推出去，從此走上詭譎莫測的政治舞台。達賴喇嘛曾說，「我對世界一無所知，毫無政治經驗，不過我年齡已經大到足以明白自己的無知。」

十六歲接下重擔，直到二〇一一年，達賴喇嘛七十六歲時，流亡藏人選出新任司政，哈佛大學法學博士洛桑森格，親政六十年的達賴喇嘛才交棒卸任，他對我們說，「二〇一一年當我完全從政壇退休時，也終結了四百年來政教合一的傳統，這是我自願的，很驕傲也很高興地終結了，未來達賴喇嘛與政治事務再不相關。」

身為達賴喇嘛，真的能退休嗎？接受我們採訪後，他隨即訪美，見了將卸任的歐巴馬，即使是權力頂峰如美國總統，都不可能只把他當成一位普通高僧來見，何時見，如何見，都充滿政治考量。而在蔡英文上台後，改朝換代的台灣，我們問達賴喇嘛什麼時候要來？他答，「我總是說，我永遠都準備好了，我愛台灣人民，這座小島非常美麗，但這完全取決於台灣政府，我不想製造任何不便。不只是台灣，對任何其他國家都是，我一向都說，我不想製造任何不便。」

「我不想製造任何不便，」達賴喇嘛重複了兩次，他是藏傳佛教領袖、諾貝爾和平獎得主、世界級的偶像人物，但在中國崛起後，他是必須被消音被除名，不能碰觸的禁忌之人。

不碰政治的話，禁忌會不會少一點？二〇〇七年，中國國家宗教事務局頒布「藏傳佛教活佛轉世管理辦法」，既然有管理辦法，就由不得活佛自己說了算。達賴喇嘛在二〇一一年就曾說過，轉世制度是封建制度下的舊思維，已經過時，為了順應世界民主發展趨勢，要終止達賴喇嘛轉世制度。此說法讓中共跳腳，一再譴責達賴喇嘛背叛了宗教傳統。

達賴喇嘛說，「有時候我覺得，關於達賴喇嘛轉世是否延續，我完全都不在乎了！但是北京的強硬派比我更加在乎。有時候我會開玩笑說，為了表示對達賴喇嘛轉世的重視，他們也應該接受轉世的理論，首先應該找到毛澤東的轉世、鄧小平的轉世，然後才可以置喙達賴喇嘛的轉世，否則，相當好笑。」

以子之矛，攻子之盾，反將對方一軍。達賴喇嘛的機鋒，夾藏在看似戲謔的玩笑話中。

「在我的夢裡，我和第五世及第十三世達賴喇嘛有連結，他們安排了我，所以我完成我的責任，下一個達賴喇嘛的轉世，其實不關我的事（not my business），是由我的老闆們做主，那是神祕的層次。」

我的老闆，「my boss」，達賴喇嘛用了一個現代詞彙，而不是造物主或神靈，有種奇妙的突梯感。他的新潮又帶著我們馳騁到外太空，「我們不能只考慮這個世界，我的轉世也可能在其他的星球、銀河。可能幾億年後一個大爆炸（big bang），整個宇宙消失，我就需要去別的地方。我希望轉世在有較多苦難的地方，而不是淨土，或者我轉世為一個戰士。」語畢，穿梭於星際時空中的旅人，再度爽朗大笑。

我問，「中共說，轉不轉世不是你說了算，你怎麼看？」他說，「就某方面來看，這是對的，要由人民來決定，不是我說了算，也許明年開始，我會提出一些看法，讓人民來討論和思考，等我活到第一任達賴喇嘛八十三歲的年紀，就會決定用何種方式。當然，也不是中國政府說了算。」

達賴喇嘛的回答，像在鋼索上翻筋斗，別人險象環生，他卻輕鬆寫意，一瞬間又翻了一個漂亮的筋斗。他不再是那十六歲剛剛親政，白紙一張的政治初級生了。

他一方面說轉世是決定於天上的boss，另一方面又說要和人民討論。不過在民主體制中，人民的確也是boss，是統治者的boss。兩位boss，分別是民主選舉制度與宗教神祕主義，看似矛盾，卻可以水乳交融於達賴喇嘛一身。

出西藏前，曾經有中共官員警告他，「雪山獅子雖然在雪山上是獅子，但是到了平地，會變成一條狗。」多年後他這麼回應，「五十年過去，我沒有變成狗，雪獅反而比在西藏時更有名望。」

達賴喇嘛說對了，雪山獅子到平地，不但是獅子，還是一隻加上翅膀，迎向世界的飛天獅。

小達賴喇嘛三歲，彼此間有著微妙競爭關係的第十世班禪喇嘛（藏傳佛教格魯派中另一個轉世傳承領袖），是中共長年拉攏，好用來制衡達賴喇嘛的一張好牌。一九五九年達賴喇嘛出走，在日喀則的二把手班禪喇嘛，自然留下了。

繼續留在雪山的，不但沒有當成雄獅，處境反而變得比狗還不如。一九六二年，班禪喇嘛上七萬言書給總理周恩來，洋洋灑灑提出共產黨不當的政策對藏人造成傷害。

上書隔年，班禪喇嘛遭到軟禁。一九六六年，文化大革命開始，班禪喇嘛更大的劫厄來了，紅衛兵將他五花大綁，遊街示眾。最汙辱人的還不只如此，動手的還有班禪喇嘛的教派中，夙有名望的高僧，對他拳打腳踢。此後班禪喇嘛單獨監禁長達十年，在獄中他常遭到羞辱與杖打，直到一九七七年文革結束才出獄。

出走的達賴喇嘛是月球亮面，世界看到的，總是這一面。留下來的班禪喇嘛是月球暗面。明暗相生，看到達賴喇嘛流亡中的自在，更要看到班禪喇嘛在鐵幕後的掙扎。出獄後班禪喇嘛回不了西藏，在北京娶妻生女，大口吃肉，體型發胖，還開公司，徹底墮入俗世，一度不為人諒解，被冠上「胖商人」的輕蔑名稱。

進入八〇年代，由胡耀邦、趙紫陽開明派執政。一九八〇年胡耀邦訪問西藏，被其貧窮凋敝嚇到，回來後大刀闊斧改革，恢復西藏文化的地位。班禪喇嘛也獲得平反，在一九八二年終於踏上歸鄉路，他發揮影響力，儘可能重建在文革中被破壞殆盡的西藏文化以及宗教。

同樣在八〇年代，達賴喇嘛及流亡藏人，在印度篳路藍縷也休養生息二十年後，嘗試和北京接觸。達賴喇嘛的哥哥嘉樂頓珠，妹妹杰桑佩瑪都曾率團前往中國考察。一九八〇年，杰桑佩瑪和班禪喇嘛在北京會面，班禪喇嘛要杰桑佩瑪帶口信回去給達賴喇嘛，「局勢正在好轉」。

一九五九年三月，逃亡的第二天，達賴喇嘛就寫了一封親筆信給班禪喇嘛，說由於發生突發事件，必須要離開拉薩，希望班禪喇嘛能繼續維持西藏的政教福祉。班禪喇嘛本來只是單純的宗教領袖，在信中，達賴喇嘛把西藏境內的政教責任讓渡交付出去。

喜馬拉雅山隔開的兩個轉世活佛，一個在監牢裡九死一生，一個在荒地中艱難紮根，二十年後班禪喇嘛才回了口信，「局勢正在好轉」。這也許是自從一九五九年達賴喇嘛出走之後，成為平行線的兩個人，再度要交會的時刻。

裡應外合，在外的達賴喇嘛，繼續爭取國際支持；在內的班禪喇嘛，運用經商的盈餘，在西藏重建藏語學校。一九八九年，班禪喇嘛回到日喀則，重建札什倫布寺，將歷代班禪喇嘛的遺骨重新放回寺中，衣錦還鄉，卻心肌梗塞過世，被毒殺而非自然死亡的傳聞始終沸沸揚揚。

好不容易即將匯流的兩條河流，在一九八九年，又就此岔開。六月四號，發生了天安門事件，開明派的胡耀邦、趙紫陽先後被鬥倒，在西藏的改革政策就此終止。同年十月，達賴喇嘛得到諾貝爾和平獎，雖提高國際聲望，然而跟中國的關係也更劍拔弩張，回不去了。

一九八九，不只是中國一代人的六四血痕，也是西藏命運交關的時刻。

那也是，達賴喇嘛與流亡藏人，回家的路好不容易拉近，又再度遙遠的一個年分。

每個時代都有新的難民議題，對於近來的歐洲難民潮，達賴喇嘛下了一個不太政治正確的評斷，「敘利亞和伊拉克等國家的人民，不能在歐洲重新生根，這是不切實際的。」他接著補充，「應該要提供他們暫時的庇護，同時給予兒童良好的教育，當他們的國家實現和平的時候，他們就準備好重建自己的國家了。我想這是最終的方案，沒有和平，就沒有希望。」

「沒有和平，就沒有希望，」這何嘗不是流亡五十七年後，達賴喇嘛與流亡藏人的

「最終方案」。一九八八年，達賴喇嘛在史特拉斯堡的歐洲議會發表演說，就提出中間道路政策，西藏希望尋求自治，並願意將外交與軍事權交給中國。

二〇一六年六月接受《報導者》的採訪，他重申，「我們並不尋求從中國脫離，也不尋求獨立，在中國給予我們完全的權力保存傳統語言文化，並在保護自然環境的前提下，繼續做中國的一部分符合我們的利益，在這樣的前提下，我們會樂於回去。情況好轉後，我們甚至會從西藏對台灣喊話，回來吧！回來吧！」

然而，在去年八月，中共中央統戰部宣稱，「過去沒有、現在不會、將來也永遠不會接受中間道路。」

回家的鐘擺，越盪越遠。

我問達賴喇嘛，他是否曾夢迴故土？他並沒正面回答我，話題一下又扯開了。我想起他書中的一個片段，達賴喇嘛小時候喜歡去羅布林卡的花園餵魚，那是他唯一可以喘息的時刻。

他這麼寫，「魚兒聽到我的腳步聲，會浮上來期待我餵食……想到這些魚，我有時候真想知道，當它們聽到中國士兵的靴子聲，是否也會不明智地浮上來。倘若如此，這些魚兒想必已被吃掉了。」

達賴喇嘛說，「在八〇年代的早期，真的充滿希望。我仍然相信，如果胡耀邦沒下台，能夠推動他的政策，西藏問題早就解決了。胡耀邦、趙紫陽下台，接著主政的是江澤民和李鵬，李鵬是一個強硬派，就這樣。」

西藏問題又拖過千禧年，直到現在，仍無解方。二〇〇八年在拉薩再度發生抗暴，以及從二〇〇九年開始在西藏境內上百名藏人自焚。坐在我對面，八十二年前降生於人間，乘願再來的文殊或觀音菩薩，似乎也鞭長莫及，只能聳肩地說，「就這樣。」

他輕淺一笑，接著說，「這是一種魔術，佛教裡有一種說法，世界如魔幻般，變化莫測。」

【謫仙記】

拾遺

有些稀罕的事情，你以為它在你的生命中只會發生一次，你不曉得自己何以被選中，一旦發生，你只能驚嘆，

「miracle!」

一旦這千載難逢的稀罕事，在你的生命裡發生了第二次，你不曉得何以能如此？會懷疑起自己上輩子是不是一隻喜馬拉雅山上的雪豹？想著想著，就不探究了，你只能回到你自己，平常地看待這一場魔法，心靜如水，不帶一點激動。

有了第二次，如果還有第三次、第四次，你都會覺得像呼吸喝水那樣自然。

二〇一三年，在《壹週刊》工作，第一次採訪達賴喇嘛。

二〇一六年，轉職到《報導者》，二度上達蘭薩拉，像個識途老馬，告訴同行的人，待會可能會怎樣怎樣，看到同行人眼中跳動的雀躍、止不住的

緊張，彷彿看到三年前的自己。

先不論採訪的人，是名滿天下，還是無名小卒。重訪一個人，對於寫人物採訪的記者，是極大的考驗。寫一個人，就要抱著一次寫透的決心，換言之，就是「一刀斃命」，寫盡他的一生，而非他又出了新書上了新片。重複寫人難，何況我這一次，寫的是神。

第二次寫他，我對自己只有一個要求：要把一個神，寫成一個人，徹徹底底還原成一個人。

如何寫？怎麼謫仙？

方法一：把下凡的仙，放進滔滔的歷史激流裡。

方法二：這是個「敵人，一個愛的故事。」

附錄中的採訪心法，最後一條就是「敵人」，寫光明面的人，特別需要轉過去，探一探月球的坑疤暗面。三年前就想寫生前大起大落的第十世班禪喇嘛，這一次，終於有空間把他放進去。

於是，有了二〇一六年六月六號的這麼一齣，謫仙記。

據於德

俠客行

二〇一二年七月

詹順貴

法庭上，一邊是原告者台塑集團，另一邊是被告的環工系教授，因為提出六輕造成罹癌人數增加的學術研究，被台塑以「毀損名譽」提出告訴，求償四千萬。兩造的強弱判然分明，小蝦米眼看著就要被大鯨魚吞噬。危急之際，有人冒險殺入重圍，拔劍擋在弱小前頭，咻咻咻咻，瞬間扭轉情勢，削鐵如泥，原告一方的財團被逼得節節敗退。幾乎忘了身在嚴肅的法庭，武林大會的觀眾忍不住擊掌叫好。

這人是誰？「我喜歡讀《史記》的〈游俠〉和〈刺客列傳〉，嚮往行俠仗義的瀟灑，無形中也讓我難以坐視社會上的不公不義。」下了法庭，擔任被告辯護律師，四十八歲的詹順貴收起劍拔弩張的銳氣，身形削瘦戴著金邊眼鏡的他，又像個文弱書生。不像印象裡的律師總提著黑色公事包，身著黑白律師袍的他，卻背了一個綠色登山包，莊嚴與草莽，很混搭跳tone，卻有一種輕騎上路的瀟灑，像大隱於市的俠。

這不是第一次了，詹順貴總是選擇站在弱勢這一邊。近幾年幾項獲得注目，牽涉到社會公益的案子，均是由他擔任辯護律師：士林文林苑都更案，他站在被強拆的王家這邊，在今年五月底聲請釋憲；台東美麗灣BOT開發案，他站在世居於杉原海灘的原住民刺桐部落這一邊，和台東縣政府打行政官司，目前均是縣府敗訴；中科三期、四期科學園區的農地徵收案，他站在台中、彰化農民這一邊，二〇一〇年中科三、四期先後被法院裁定停止開發。

美麗灣案，中科三、四期案且都是義務辯護，詹順貴分文不取律師費，「農民、原住民的經濟條件並不好，而我至少還有一些可以收費的商業官司能 cover 過去。我所接的 case 中，商業案件和環保案件的比例目前大約是三比一，曾經有一段時間是接近一比一。」我忍不住問，「這樣能賺錢嗎？」大概時常被問到這類問題，詹順貴答得直接，沒有一絲遮掩，「我的收入講出來很多人都不相信，不瞞你說，在台北生活了二十幾年，我到現在都還在租房子。我大概是年資相當的律師中，最不會賺錢的一個。」

不會賺錢也就罷了，有時送上門來的錢還會往外推，「有一家上市公司因為廢棄物處理的問題來找我，開出來的律師費是百萬元。還有在台北一個規模很大的 BOT 案，環保團體都反對，而這家公司曾經開高價要我當他們的顧問，只需開記者會時出來為他們背書即可，但這些案子我都不會接，因為理念上我已經選邊站了。」

「另一半怎麼想，不會希望你跟其他律師一樣賺大錢嗎？」此時，辯才無礙的詹順貴幾度欲言又止，「ㄟ……如果能夠賺很多錢最好，要不然至少要有很多時間可以陪她……金錢和時間兩樣我都沒辦法給，我們因為個性不合離婚了。」濟弱扶傾的崇高理念不是人人都能理解，或許遊俠注定仍然要孤獨上路。

離婚後，讀小學的兒子跟著前妻生活，「今年夏天我打算帶他到台東美麗灣走走，讓他自己到現場觀察，在靠海那麼近的地方蓋大飯店，適不適合。」

之所以總是能關懷弱勢，卻顧所來徑，詹順貴有個藍領背景，出生於中部鄉村，祖父是佃農，身為長子的父親很早就要到工廠做工幫忙家計。詹順貴也是長子，下有兩個妹妹，「大學時我就開始兼家教，賺自己的生活費。我原本對文史比較感興趣，但大學聯考時，家裡希望我讀比較有出路的法商，以前台大法律系並非第一志願，我只是剛好分數落在那裡。但即使讀了法律系，我還是花很多時間去旁聽文史的課程。」

來到詹順貴的辦公室，整面的書牆，地上還有一落落待整理的剪報。同事務所的律師李明芝說，「律師的養成系統很封閉，一般律師只注重法律上的專業，不像詹律師的閱讀十分廣泛，他非常忙碌，但每天都要讀好幾份報紙。」詹順貴從書架上隨手抽出兩本書，說是正在看的：《雜食者的兩難》、《欺騙的種子》，都是最近才出版的科普新書，可見他常逛書店。

始終醉心文史，志不在法律，因此大學畢業後，詹順貴沒有馬上去考律師執照，而是在銀行擔任法務工作。「一開始不覺得非考執照不可，一九八八年我進銀行的起薪已經有三萬五，優渥的薪水，輕鬆的工作，很容易安於現狀。但在銀行裡比較大的法律案件，上面並不會聽我們的意見，反而要額外聘請知名大律師來裁決，所以我被刺激到了，才發憤圖強準備律師考試，考上就離開了。」

不甘於示弱，對於俠客而言，激將法往往奏效，「刺激」改變的不止是從安逸日子歧出的人生跑道，詹順貴的賞鳥興趣也是一次「刺激」的促成，「我國中時是童子軍，常接觸大自然。大學時就參加了登山社，征服了很多大山。有一次社團邀請鳥會的解說員來演講，他帶來好多鳥的照片，這些地方都是我登山時走過的，但我不曾發現有這麼漂亮的鳥，『是可忍，孰不可忍』，於是我就跑去參加鳥會，後來也變成解說員。」

剛當律師的那幾年，詹順貴假日帶隊去賞鳥，平日也沒閒著，上班午休時他還抽空到心路基金會當志工，協助學齡前智能障礙的兒童吃午飯、飯後刷牙，等這些孩童午睡了，他再回事務所上班。「會去當志工和賞鳥是同樣的原因，因為和律師的反差很大。到了法庭上，律師就是要繃緊神經地爭辯，賞鳥的時候卻要靜下來，同樣地，智能障礙的孩子表達能力弱，去那邊就是陪伴他，不必一直講話。」

一開始接觸到的都是商業案件，律師好辯善鬥的嗜血生態和詹順貴的體質不合，賞鳥、當志工都是平衡的方法，怎知柳暗花明又一村，從當志工進而注意到智障者的法律弱勢，他擔任智障者家長總會的律師長達十年。而賞鳥更是讓他才開始關注環境議題，「一座山征服後就不會再去，賞鳥的話就會同個地方重複去，才會注意到環境被人為破壞。從一隻鳥，看到週邊與牠相關的自然：灌木叢、一棵樹、整片山坡地，慢慢地放大放大，再到整個台灣土地。」

隔幾天，我們來到阿里山，三天兩夜的行程，由詹順貴帶隊，同行的都是關注環境議題的年輕律師，去年原班人馬的行程是台東美麗灣加上屏東阿朗壹古道，今年則是針對阿里山三合一BOT案而來，一同前來的李明芝說，「法律人最常紙上談兵，但詹律師很重視律師要深入當地了解情況，特別是環境的案子，這樣才能感同身受。」另一位同行的蠻野心足生態協會律師陸詩薇說，「受到詹律師的影響，近幾年越來越多的年輕律師願意投入環境議題的案子，不會一味只想要賺錢而已。」

「『to-meet-you』，冠羽畫眉的叫聲聽起來也像『吐米酒』；當牠遇到危險時，就會發出像機關槍『噠噠噠』的警戒聲。」於萬木參天的森林裡，詹順貴聽聲辨位，在樹梢的是白耳畫眉，三點鐘方向的是青背山雀，藏在灌木叢裡的是栗背林鴝，在我耳裡盡是無差別的鳥叫，於他卻是高低音快慢板合奏的交響樂。

脫掉西裝領帶與律師服，詹順貴的肩膀鬆了，步履輕了，但肩上的綠背包，猶然是我在法庭裡看到的那一個，仔細一看，可能因為時常負重，背帶接縫處已有些脫線起鬚，還用著，可見他的惜物。一般賞鳥者通常配備昂貴的攝影設備，詹順貴手上只是一台陽春小數位，攝下一枝草一點露，也攝下八八風災後掏空的鐵軌、大飯店超限利用的山坡地。

連著兩天詹順貴身上穿的都是貓頭鷹圖樣的T恤，同行者有一個人連兩天跟他穿得一模一樣，很明顯是情侶裝，那是蠻野心足生態協會的秘書長林子凌。林子凌是環保界的社運悍將，揭露北投纜車在內的多起弊案，讓許多官員丟了烏紗帽，有「處長殺手」的稱號。許多環境案件，都是林子凌在第一線先上山下海查弊，再由詹順貴就法律層面切入，兩人合作無間，曾一同成功阻止澎湖吉貝沙尾的違法開發案。

林子凌個性豪邁，她背了一個印上周美青名言「奇怪耶你」的書包，笑稱自己是「流氓婆子」，在她身旁，詹順貴顯得溫和多了。兩人都是中年人了，各自有過一段婚姻，但在人前不避親密。書中自有顏如玉，詹順貴至今仍是武俠小說重度嗜讀者，千里獨行之後，真有這麼一天，真有個現代俠女會從書裡走出來，像是憨直的郭靖終於遇上了懂他的黃蓉，倚天劍遇上了屠龍刀，雙劍合璧，所向無敵。此後行俠仗義的路上，詹順貴不孤獨了。

除了打官司（義務或維生所需的）、參與環境相關的社會運動，詹順貴為了理念，還投身許多無償無酬的民間版修法，其中的「土地徵收條例」民間版草案，在二〇一一年底官方通過的版本就有部分被採用。我問詹順貴是否打算結婚，他說，「我一直有結婚的打算，但是子凌說要等我參與修法的《濕地法》通過了才能結婚。但我想不行呀，要是十年八年才通過的話怎麼辦？」二〇一三年六月立法院三讀通過濕地法，詹順貴依照約定，於同年八月三號林子淩生日當天，兩人辦理結婚登記。證婚人為長期社運路上相互扶持的夥伴：政大地政系教授徐世榮、立委林淑芬。

攝影 蔣煥民

二〇一三年八月

逼上梁山

徐世榮

歷劫歸來的隔兩天，我們和五十五歲的徐世榮約在政大的研究室見面。暑假裡的校園有種難得的安靜，從十樓的窗戶望出去就是連綿的蒼翠山林，如果在這裡潛心學術，不問世事，吹冷氣寫論文，過好自己的小日子，似乎也順理成章。

徐世榮站起來迎接我們，才發覺他身形壯碩，有一百八十幾公分。前幾天看新聞，卻絲毫不覺得他的人高馬大，他被好幾個警察粗暴地架著在地上拖行，像一隻脆弱破敗的布偶，身體手腳都不是自己的，只能任人蹂躪擺布。

七月二十三號，因為苗栗大埔四戶強拆的爭議，近百人前往馬英九預定出席的公開場合抗議，徐世榮只是向經過的總統座車喊出「今天拆大埔，明天拆政府」的口號，隨即便以公共危險罪被逮捕，移送士林地檢署後因罪名不成立而釋放，徐世榮無奈地說，「警察趕了我兩次，我都配合，一直往外退，早就退到管制區外，我是最溫和的人，但國家對我這種表達方式都無法接受，真的很遺憾。」

這天徐世榮穿著燙得平整，沒有一點皺褶的白襯衫。我想起前兩天被架走時，他也是這樣一件白襯衫，一番折騰下來早已衣衫凌亂、狼狽不堪。白襯衫洗過、漿過、燙過，又恢復平整。有些事情卻無法輕易平復，徐世榮右手臂的一大片瘀青仍未消，他直言這幾天都睡不好，有一朵烏雲鬱結在他的臉上，徐世榮的學生，目前在就讀博士班的吳貞儀說，「事發隔天老師開車載我，遠遠看到有輛警車經過，老師雖然嘴上說還要抗議，但他下意識的動作是馬上把車窗搖起來，可以看出那件事對他造成很大的陰影。」

參加社會運動的起源是二〇〇八年立法院要通過「農村再生條例草案」，地方政府可透過區段徵收、土地重劃將農地轉為可建築的市地，有毀田滅農，炒作土地之疑慮。徐世榮是政大地政系教授，他和一些關心農村的專家學者成立「台灣農村陣線」，反對通過此案，並在二〇一〇年提出民間版的「土地徵收條例修正草案」。提出土地徵收要符合法律、公共利益、必要性、比例性、最後不得已手段、完全補償六項要件，要求全面修正過時的土徵法，然而在二〇一一年逕付二讀的卻是行政院僅做部分修正的版本，讓徐世榮相當失望。

長期和徐世榮並肩作戰的詹順貴律師說，「北從淡海二期徵收，南至台南鐵路地下化東移的徵收案，桃園、新竹、苗栗、台中、彰化……，層出不窮的徵收案，徐老師南北奔波，到各地的自救會提供專業上的協助，很少有學者能像他願意站在社會運動的第一線。」

徐世榮來自雲林縣大埤鄉，祖父那一代還務農，父親是國中英文老師，很重視小孩的教育，徐世榮排行老么，上有兩個哥哥，「我到嘉義讀私立中學，父親說台南一中很好，要我去考，後來我考上台南二中，大學是按分數填上政大地政系，我一直是個按部就班的乖小孩，雖然成長在戒嚴時期，但沒什麼壓抑的感覺。」

大學時代徐世榮積極參加救國團活動，寒暑假一定都帶隊去中橫健走，「那時已經有一些黨外運動，給我的感覺是很暴力、非理性，因為政府都這麼宣傳，讓人感覺政治很危險，盡量不要去碰。」讀研究所時，正值台灣黨外運動風起雲湧的八〇年代，徐世榮開始對政治感到興趣，會讀黨外雜誌，然而他的政治傾向仍是國民黨，「當時我完全相信國民黨建構出的一套神話，我以前竟然會覺得，萬年國會怎麼可以改選呢？如果改選的話，以後反攻回大陸，怎麼具有全中國的代表性？」

時移事往，如今徐世榮自己複述這些話，都忍不住笑了起來。但在當時他的根苗正藍，來自教師家庭，讀的是黨校政大，「來來來，來政大」的下一步便是「去去去，去美國」。政大地政研究所畢業後，徐世榮和妻子赴美讀書，「我記得很清楚，一九八七年七月十五號解嚴，我們是二十八號的飛機，是解嚴後第一批出去的學生，但當時的我沒什麼特殊感覺。」

到了美國，徐世榮一開始讀的是政治學，「出國後接受學術思想上的衝擊，我原來相信的那一套黨國神話完全崩解。」他想把以前讀的地政和政治結合起來，所以博士專攻公共政策，「在台灣的地政教育過度強調經濟面向，美國的教育則是具批判性，會從政治、社會學的角度來看土地，我不是反對經濟發展，但不能只有單一面向，土地也是生態環境，也是溫馨家園，但台灣的土地徵收只談金錢補償，往往要少數服從多數，但是多數利益不等於公共利益。難道能說洪仲丘只有單單一個人，他的基本人權就能被侵犯、剝奪嗎？」

回國以後換了腦袋換了眼光，對國民黨也越來越失望，但徐世榮的骨子裡還是個書生，所做最大膽的事，頂多就是對時政不滿，在報紙投書。「以前頂多以學者身分去參加一些公聽會、研討會，要到成立台灣農村陣線後，我掛名理事長，很多土地要被徵收的自救會不斷來求助，希望我們去幫忙，我才開始深入田野。」

目前反徵收唯一成功的案例，苗栗灣寶的抗爭靈魂人物洪箱說，「第一次見到徐老師是在五年前灣寶的徵收說明會上，他惦惦地坐在旁邊聽，一句話都沒說。說明會完他來找我們，鼓勵我們一定要團結，村裡的老人家喪氣說團結有用嗎？他就一直幫我們打氣。等到第二次說明會，他又來了，這一次他有上台說話。他原來是一個很斯文的人，後來他上台講話越來越激動，因為他講了又講，講了又講，政府都不聽，他心疼我們這些農民，在台上哭了好多次。我回去跟我兒子講，徐老師長得人高馬大，原來心思這麼細膩。」

吳貞儀說，「老師知行合一，他在課堂上教我們的，完全在田野、在社會運動裡實踐。老師不只是提供關於土地政策的論述，他也很關心這些農民，把他們都當成朋友。他會拍拍老農夫的肩膀，時常有拉近距離的肢體動作，不會讓人覺得他是高高在上的教授。」

隔幾天我們來到律師公會聽徐世榮演講，他一開始是斯斯文文的學者本色，到了中後段，講到劉政鴻的惡霸，講到彭秀春（大埔四戶中張藥房的女主人）的眼淚，就越來越大聲，越來越慷慨激昂，我彷彿見到綠巨人浩克的變身，掙脫襯衫西裝褲，面目猙獰，對不公不義的發出狂暴的怒吼。

但我也見過另一張溫柔的臉，前幾天在政大，徐世榮遇見打掃的清潔婦，用台語跟她親切地打招呼、話家常。也記得他辦公室裡有好幾隻襪子做成的布偶，他說是有次演講完，碰到外面有個媽媽在賣，乏人問津，就跟她買了很多。

藍領階級、擺攤的、種田的，總特別容易觸動他心底的柔軟，「心軟」或許就是徐世榮離開學院的冷氣房，酷暑間走上街頭的原因。七月初，大埔四戶北上在總統府前陳情，希望吳敦義能信守三年前原屋保留的承諾。七月初，同時也是徐世榮的小兒子參加大學指考的日子，但他好幾天沒回家，晚上都在凱道一同守夜，「對家人真的不好意思，還好小孩都大了，我太太也能諒解。這次被逮捕，她雖然很擔心我，但還是支持我的理念。」

「三年前和當時的行政院長吳敦義協商時，人是我陪進去的，公文裡頭我的名字還排在第一個，再怎麼樣我也有道義責任。因為我也在場，所以吳敦義當時是怎麼承諾的我一清二楚，人怎能言而無信，只可惜沒有錄音機把它錄下來。」徐世榮至今還用一點也不智慧的老舊手機，「我一直不想換，但為了蒐證，早該去換個有錄音功能的智慧型手機呀。」

由於總和迫遷、抗爭民眾站在一起，徐世榮難免要站在政府文官體制與主流地政學界的對立面。他的研究室門口貼著一張「100」的標籤，是陳情的號碼牌，他長期關心台南鐵路地下化東移土地徵收案，也和一般居民排隊去陳情，「好像看診一樣，一個人可以講三分鐘。講完就離開，沒有任何的溝通或對話。裡頭的委員還有我認識的教授，大家都是舊識。」

遇到不尷尬嗎？「有一點尷尬，除了學術界，還有很多執行都市計畫的公務員，都是我政大地政系的學長姐或學弟妹。但我實在看不下去，該講的還是要講，舉個例子，台灣的面積是日本的十分之一，但我們的土地徵收個案是日本的十倍，相乘下來，台灣的土地徵收數目是日本的一百倍，實在太浮濫了。」

「台灣的土地徵收法令都制定於民國五、六十年代，仍是那套戒嚴的思維，早該修法。國家動不動就拿這些法令強制徵收，我自己在地政系任教，都感覺非常羞愧。」儘管經過政黨輪替，惡法仍遲遲不修，因為土地就是政治，地方政府以開發之名，讓地方派系行炒作之實，都市計畫成為政治分贓的場域，藍綠皆無法豁免。

二十五歲的徐世榮每年寒暑假都參加救國團活動，他不會想到，三十年後，這個初老疲憊的自己會被逼上梁山，完全站在黨國體制的對立面，站在雞蛋這一邊，「我被抬過四次，第一次被抬是二〇〇八年陳雲林來台時，我和一群教授朋友到行政院前抗議；第二次被抬，是聲援士林王家；第三次被抬，是前幾天在行政院聲援大埔；第四次就是這次被逮捕。其實被抬過第一次之後就不怕了，好像軍階一次累積一條槓，累積四次之後，不就可以進階為少校，換一顆梅花！」

後記

去年曾採訪詹順貴律師，一行人到阿里山，參加三天兩夜的生態行程，隊伍中也有徐世榮老師。其中一天的行程，四點起來搭小火車去看日出，看完日出回來吃完早餐，接著又爬了五個小時的山，那山路非常陡峭，上山的時候徐世榮的體力明顯無法負荷，膝蓋痛骨頭痛，但他還是勉強爬完全程，隔天就不良於行。徐世榮很能苦中作樂，在氣喘吁吁，全身痠痛不已的同時，他還能不時的開玩笑，總是人未到笑聲先到，是團體中的開心果。今年採訪徐世榮，像是判若兩人，那樣暢快的笑容，是很少聽到了。

二〇一二年一月

大無畏

曾道雄

薄嘴唇、淡色眼珠、長而直的鼻樑、半長覆耳的頭髮、高大的身形……上天給了他一副歐化的輪廓，生來就是要唱歌劇。若抹上白粉，戴上假髮，穿起歐洲宮廷式的古裝，扮起《費加洛婚禮》的伯爵，不會有人知道聲樂家曾道雄的東方背景。

我們和曾道雄約在國家音樂廳樓下的咖啡廳，採訪時時被打斷，好人緣的他一直遇到熟人，遇到彰化田中的同鄉，幫我們介紹之餘他呵呵笑說，「我最近新聞很多，連《壹週刊》都來採訪。」

曾道雄口中的「新聞」：事件一，去年九月底國家文藝獎的頒獎場合，推廣歌劇四十年，曾道雄是五位得獎人之一。他先是在入場時拒絕安檢，「這是我身為受獎人的基本尊嚴。」為什麼需要安檢？因為總統要來頒百年紀念筆，曾道雄沒有上台接受總統的贈筆，成了新聞話題。

他說整件事並非針對馬英九，「國家文藝獎是很高的榮譽，在那樣的場合，加一個建國百年的鋼筆，像是狗尾續貂。不止對得獎人，對總統也是一種傷害。」從新聞報導裡總以為曾道雄態度倨傲，我找了那天頒獎的影片來看，台下的他對總統拱手婉謝，謙謙君子風度，臉上還是笑容。

七十二歲的曾道雄心裡自有一把尺，丈量的原則不會是地位的尊卑。那天的頒獎者由他指定，是一家布景公司的老闆，「他原來在當木工，多年來幫忙很多後台危險的工作，只有在這個地方，我才會說我後台很硬。」

事件二，去年十月底，曾道雄在《自由時報》的一篇投書：「當學生告訴我：文建會花了兩億一千五百萬元，撥給一個表演劇坊，去舉辦所謂建國百年的兩晚歌舞秀『夢想家』……但當我知道那數目是事實的時候，我毛骨悚然！」；「只要它的一半費用，讓我一輩子演歌劇，演到死，我都用不完！」投書中充滿驚嘆號，像一顆震撼彈，引爆了廣大輿論：譴責浪費公帑的「建國百年活動」、反省藝文資源分配不均，越燒越烈，前文建會主委盛治仁因此下台。

曾獨立製作三十幾部歌劇的曾道雄，在去年底又推出《藍鬍子公爵的城堡》，製作經費六百萬，向官方申請補助的結果是「零元」。「有朋友問我，為什麼不跟百年掛鉤？因為這部歌劇完成於一九一一年，今年剛好一百年，且作者巴爾托克屬於國民樂派。百年，國民樂派，借鑑他山之石，很好掛鉤呀，但我就是不要。」

經費六百萬，除了募款之外，曾道雄還將國家文藝獎的一百萬獎金全數投入，但仍短少三百多萬。他形容自己像四處托缽化緣的僧人，他是師大教授、音樂系系主任、知名聲樂家、「台北歌劇劇場」創辦人……，卻因為對歌劇的熱愛，四十幾年來總是要放下身段去找錢，「這次找電子業，都無法贊助。有一個相熟的銀行，他們講不出來為什麼不能贊助，隔一個禮拜就傳出裁員的消息……」

隔幾天，我們去看曾道雄的歌劇彩排，他除了是樂團指揮，還兼戲劇導演。台藝大音樂系教授呂淑玲說，「要兼顧兩者很難，音樂界很少有像他這樣全才型的人物，他文筆好，還會多國語言，能自己將德文歌詞翻成中文。」教戲時，他將襯衫拉出來，腳踩一雙青少年的Nike潮鞋，激動時還會以腳跺地，比演員更激情入戲，完全看不出來是一個七十幾歲的人。

西方歌劇一向給人精緻、貴族的印象，曾道雄教戲時是雙聲道，國台語夾雜，我注意到，他用台語教戲時特別生動，呂淑玲說，「他像個草莽英雄。」在歐化的外表與音樂教養下，是曾道雄草莽不羈的泥土根性，「我家非常鄉下，小時候都打赤腳，家裡沒有自來水也沒有電燈，用的是煤油燈，燈芯快燒完時，像紅寶石一樣，很漂亮。」

「第一次摸到鋼琴，是我小學畢業要考斗南中學時，在那裡看到一個很大的桌型東西，打開有鍵盤，好奇按了幾下，覺得這聲音怎麼這麼漂亮。」

務農的家裡沒有任何古典音樂背景，父親吃過晚飯後，就會在曬穀場說《三國》，祖父也常帶他去看歌仔戲。曾道雄隨口就能吟出一段小時候聽過的戲文，東方與西方，貴族與庶民，如此衝突，卻也如此協調地並存在一個人身上。曾道雄最近掉了一顆牙，還沒補上，講話有點漏風，我忽忽覺得，他始終是以前那個缺牙的鄉下小孩，搬了一張小板凳到戲台下等著，等著好戲開鑼。

日後他成為男中音，曾在西班牙、洛杉磯等國際舞台登台演出。但他的第一個舞台是彰化一望無際的平原，藍天、稻浪、蟬鳴，沒有聽眾，用台語唱〈白牡丹〉、〈日日春〉，「我出去撿餵鵝的菜，然後就在曠野上唱歌。有一天被祖父聽到，他嫌我唱的是『狗聲乞丐調』，但我還是趁他不在的時候唱。」

寬廣的歌喉，或許還有，寬闊無所畏懼的胸襟，都養成於那片視線無所阻斷的平原。上初中時，曾道雄的敢說直言，差點為他惹來大麻煩，當時的導師很喜歡記過，學生動輒得咎，犯一點小錯就要處罰。「因為那時候有『民主初步』的課，知道人民有罷免的權利，我就在開班會時提議罷免導師。結果我本來要被送到少年感化院，後來有三位老師幫我說情，最後才改成留校察看。」

「我考台中師專時，還好那一年不用看操行成績，要不然我一定考不上。」在師專讀書時，他加入學校的管絃樂隊，才真正走上古典音樂的道路。在小學教了三年書之後，他考上師大音樂系，畢業後考取公費到西班牙留學，學習聲樂、音樂美學、作曲。而後又獲得

UCLA的獎學金，轉往美國學習舞台導演。

以曾道雄的條件和外型，大可留在海外發展，但他仍選擇回國。一九七九年他執導莫札特的歌劇《魔笛》，在台灣演出，首創將對白譯成中文，「歌劇要與本土有連結，我不想大家只是附庸風雅，穿得漂漂亮亮來看歌劇，卻有聽沒有懂。」

一九七二年起他任教於師大音樂系。一九七五年蔣介石去世，音樂系籌畫演出一齣追悼蔣介石的音樂劇，蔣介石的角色屬意高大挺拔的曾道雄，被他一口回絕，當時他講了一句話「我對政治歌曲不感興趣」，被有心人士提報到學校的情治單位，差一點失去教職。此次風波仍端賴貴人相助，音樂界的師長前輩聲援他，使得他保住教職，但先到維也納進修一年，避避風頭。

冬至早上，我們來到曾道雄家裡。他家在天母磺溪畔，窗外是一片蒼翠的山景。這一天他照例很早就起來工作，招呼我們之後就回書房校對節目單。曾道雄的太太陳素珍備好茶點，日本清水燒盛裝的一碟丹波糖，是曾道雄愛吃的。接著，因為是冬至，陳素珍煮了一鍋鹹湯圓，像個媽媽一樣，招呼我們到餐廳一起吃。

陳素珍和曾道雄都是師大音樂系畢業，但她生於醫生世家，和曾道雄的農家背景十分不同。她的父親原本在基隆執業，二二八以後因為逃避接下來的白色恐怖，選擇移民到日本，「父母先過去，我是老大，當時已讀高中，要幫忙照顧底下的一群弟妹。還好那時有吃苦，後來嫁進去，和婆婆還有小姑小叔們，七個人住在三重十七坪的國宅裡。環境這麼窘迫，一開始嚇到了，後來才漸漸習慣。」

蔣介石音樂劇事件後，在白色恐怖的肅殺氣氛下，曾道雄夫婦怕風波未息，便將一雙子女送到日本與外公外婆同住，陳素珍說，「兒子十一歲，女兒才九歲，那時候我幾乎天天哭，我父親是受日本教育，管教子女很嚴格，對外孫也不例外。女兒成年以後才問我，她那時候那麼小，怎麼忍心送她出去？」

我們在餐廳，曾道雄在書房，這些話，陳素珍都是壓低著喉嚨講。因為隔牆有耳，能一心多用的曾道雄，時不時傳來一句，「老婆，他們是《壹週刊》耶，你講的事情都會被寫出來。」陳素珍還講到當年的告密者，曾道雄趕忙出來阻止太太繼續講下去，他雖敢大聲抨擊，直言批評，但仍心存厚道，給人留餘地。

他曾形容自己像一隻戴著眼罩的馬，不受沿途風光誘引，只往前看，前方有他畢生摯愛的歌劇。我想起歌劇中最美的詠嘆調，聲音一層層攀升到最高處，那彷彿不是人的聲音，而像某種天啟，投下溫暖的光束，使得人世間的小奸小惡，瞬間蒸散於無形。

二〇一四年二月

像霧像雨又像風　笑蜀

打了幾次電話約訪，都講不到幾句，對方就急忙掛線。好不容易約好，我們提早到，久候卻落空，他說記錯時間，要改天。改天，約好的時間仍不見蹤影，我心裡七上八下，怕又要被放鴿子，電話打去，他以為約在另一個地點。充滿波折的聯絡過程，像一齣諜報片，好不容易本尊現身，笑蜀大而圓的眼睛像雷達似地轉呀轉，無時無刻不偵測、防備著。

今年五十二歲的笑蜀，是中國最具影響力的媒體——《南方周末》的前首席評論員，以及中國新公民運動的核心人物。去年十月起，他來政大擔任半年的訪問學人，問他此行有什麼收穫，笑蜀皺起眉頭，「朋友出事了，這次哪兒都沒去，一點心情都沒有。」他的朋友，是中國著名的維權律師許志永，新公民運動的發起人，去年八月以「聚眾擾亂公共場所秩序」的罪名被關押，一月二十二號受審，被判刑四年。

許志永被捕的消息，引起國際輿論的廣大關注。許志永和其他維權律師在二〇〇五年創辦「公盟」，為陳光誠、遭受打壓的上訪者、以及三聚氰胺毒奶事件受害者等種種求助無門的弱勢，提供法律協助。對當局，公盟呼籲全國人大盡快落實一九九八年就和聯合國簽訂的《公民權利和政治權利國際公約》。對民間，則在各地舉辦法律知識培訓班，教導民眾維護自身權利。

由於總是碰觸敏感議題，許志永曾多次被毆打、關押，「公盟」也遭受當局以查稅的名義取締。二〇一〇年公盟改名為「公民」，發起新公民運動。在二〇一二年成功推動「教育平權」，由於中國嚴格的戶籍制度，讓在大城市工作的外鄉人，因為身為黑戶而飽受歧視。「公民」主張讓無戶籍的農民工子女，能夠在地就學、考試。十萬人連署的廣大民意，迫使當局在年底調整政策。

我們上山，到貓空喝茶。熟門熟路的笑蜀，比我們更知道哪一家茶館好。行事謹慎的人，一定會先弄清楚週邊環境，「我非常小心，文章怎麼寫都行，但絕不介入集體行動。二〇一〇年許志永發起新公民運動，他很希望我能加入，我還是秉持一貫的態度，堅決拒絕。」

雖然堅決不行動，然而筆桿子也是力量，他在《南方周末》任職期間，在這個發行量超過一百七十萬份，歐巴馬到中國唯一指定受訪，中國最坦率敢言的報紙中，備受矚目的社論即由笑蜀執筆。《南方周末》的影響力加上微博的推波助瀾，笑蜀的數篇文章如〈關注就是力量，圍觀改變中國〉、〈組織化維權：告別維穩時代的必由之路〉等，在網上被大量轉貼、廣泛傳播，他被認為是新公民運動的理論建樹者。

「我在《南方周末》寫了上百篇社評，強調自由民主的普世價值，以及公民社會的重要性。說白了，我就是在兜售這些觀念。」在中國緊縮的言論環境中，如何避禍？「當然有體制內的人看我的文章不順眼，但我這個人極其謹慎，我的文字抓不住任何把柄，箇中訣竅只可意會，不可言傳。多年來和他們交手的經驗，知道怎麼犯一個小錯誤，換來一個大的突破，然而也不至於付出太大的代價。」

「我這個人極其謹慎，」應該是訪談中出現最多次的一句話。笑蜀心防重，話題稍微來到自己，便馬上警覺地說，「你們應該多報導許志永和新公民運動，不要提到我。」只有等我關掉錄音筆，他才能稍微放鬆下來。一旦我又拿起筆來記，他就會馬上反彈，「你還記呀！別記了。」諜對諜，我只好放下筆，默記於心。

笑蜀是四川人，四川人多脾氣嗆辣，他說自己並非天性謹慎，「我是衝動的人，性子急得很。因為我學的是中共黨史，太了解那些腥風血雨的鬥爭，加上後來遭受一連串打壓，謹慎變成我的本能。」

父母都是老師，文革時期家裡被整肅得厲害，希望子女能遠離政治。少年時笑蜀喜歡北島的詩，一開始想讀中文系，考上廣州中山大學，因為歷史系有缺額，才轉讀歷史。畢業後，一九八四年被分發到武漢，在同濟醫科大學教中共黨史。

一九八九年，六四天安門事件，除了北京，武漢的學潮也鬧得很大，長江大橋、京廣鐵路都被堵，「我當時跟著學生一起上了大橋，命運在那時發生轉折。當局認為我是學生運動的幕後黑手，我的課被停七年，房子、職稱都沒了，只能領最微薄的底薪，我只好在家裡帶孩子，讓太太養家。」

當時學校的領導想讓笑蜀有將功折罪的機會，要他去寫批鬥自由民主化的文章，便可恢復職位。「我一看到那題綱就火冒三丈。我學黨史出身，簡直太熟悉他們反對的，都是以前共產黨自己提倡過的，出爾反爾，完全政治流氓嘛。我拒絕領導的好意，反而去圖書館翻舊報紙，我半年抄了二十萬字。花了一個月工資打印出來，找了很多出版社，沒人敢出。」

這本書叫做《歷史的先聲：半個世紀前的莊嚴承諾》，在一九九九年，以獻給中共建國五十周年的名義，由汕頭大學出版。出版後隨即被查禁、銷毀，出版社也被整肅。之所以觸動當局神經，是因為這本書摘選了一九四一到四六年，中國在蔣介石國民政府的統治下，共產黨在報刊上發表要求自由民主的言論。

例如毛澤東曾說，「民主必須是各方面的。只有建立在言論出版集會結社的自由與民主選舉政府的基礎上面，才是有力的政治。」劉少奇曾說，「共產黨反對國民黨的『一黨專政』，但並不要建立共產黨的『一黨專政』。」

以子之矛，攻子之盾，可謂奇招。笑蜀得意地說，「全都是史料，沒一句我自己的話。我想說的，毛澤東、周恩來都幫我說了，我算準他們不能拿我怎麼樣。」像一條滑溜的鰻魚，笑蜀始終知道，要怎麼鑽過間不容髮的空隙。長期關注中國議題，政大公行系教授江明修說，「他是傳統文字獄下的『曲筆』寫法，有些明顯踩紅線的會被刪，而有些能用言外之意，弦外之音的方法偷渡闖關。」

中國著名維權人士萬延海說，「《歷史的先聲》在當時引起轟動，過了好幾年後，仍然一直有人提起這本書，影響深遠。」這本書讓笑蜀進了中央監控的黑名單，笑蜀說，「我被趕出大學，到北京《中國改革雜誌》工作三年，又被國保警察趕離北京。南方報業的朋友知道我的處境後，二〇〇五年我就到《南方周末》上班。」

採訪到中段，盔甲逐漸軟化，笑蜀衝動、感情用事的內裡逐漸顯露。雖然他說小錯誤可換來大突破，不至於付出太大的代價。事實並不盡然，一路上他付出的代價並不小。在相對開明的《南方周末》安身幾年，到了二〇〇八年發生四川大地震，又來到命運的轉折點。「我是首席評論員，不用出去採訪，但因為四川是我的家鄉呀，我忍不住自己跳下去採訪。」

《南方周末》關於川震豆腐渣校舍的報導，指出不僅是天災，也是人禍，震動中外。「有個四川教育局的官員肯說真話，接受我的獨家專訪。沒想到我們得罪一個最致命的人物：當時的政法委書記周永康。豆腐渣校舍百分之九十是他當四川省委書記時建造的。報導踩到他的痛腳，聽說他看完報紙整個撕掉。當時的報社是命懸一線，隨時會被關掉。」

相識於川震採訪期間，笑蜀的台灣好友，前台北市民政局長林正修說，「當時有一些《南方周末》的年輕記者，到川震做深度調查，不敢掛名，怕出事。笑蜀講義氣，通通掛自己的名，像個大哥扛下來。果然他後來就出事，被趕出《南方周末》。」

離開《南方周末》後，笑蜀說，「過著閒雲野鶴、看山看水的生活，沒什麼不好。」直到二〇一三年，新公民運動的核心人物：許志永、富商王功權，以及去年初聲援《南方周末》新聞自由的郭飛雄，相繼被抓。一向明哲保身的笑蜀，也在去年因為公開聲援許志永，被公安帶走，拘留了四十八小時。

笑蜀說，「烏坎事件時當局沒鎮壓，讓許志永以為出現了縫隙，開始搞街頭遊行。沒想到去年開始一連串抓人。我原本只打算寫寫文章，現在兄弟們都進去，我不能不講義氣，只好出來扛了。」

二月底訪問學人的期限就要結束，回到中國，等著這條漏網之魚的，不知道會不會是更細密的網子。傍晚我們搭纜車下山，暮色中，笑蜀的臉忽明忽滅，閃爍不定。他感慨地說，「學了一輩子的歷史，沒想到，歷史永遠沒有一個準則，在無預期間，一切都發生了。」這歷史，像霧像雨又像風，比老謀深算的笑蜀，更捉摸不定。

二〇一四年五月

凝視深淵

黃明鎮

對於陳進興的印象，除了兇狠之外，黃明鎮特別注意到他異常粗壯的小腿，「他不高，矮矮壯壯，小腿肌肉很發達。」他用手比給我們看，「他從小沒有爸爸，由外婆帶大，家裡窮，每天要走很遠的路，從三重到台北討生活。」常人眼中萬惡不赦的魔王，在黃明鎮眼裡，是父不詳孩子的悲劇故事。

七十歲的黃明鎮，是「更生團契」總幹事，在全台的監獄裡輔導、教化受刑人。他是無給職的榮譽教誨師，屬志工性質，和死刑犯、重刑、菸毒犯交手近三十年，幫助過的受刑人超過上千人。他慈眉善目，一頭銀閃閃的白髮，像是天使的光圈罩在頭上。彷彿從他眼裡看出去的世界沒有絕對的惡，即使是陳進興，都有懺悔的可能。

但是，和黃明鎮相處久了一點就發覺，那雙眼睛並非只有宗教的慈愛，藏在鏡片後面的，其實是一雙敏於觀察的銳利鷹眼。攝影記者幫他別麥克風時，他不動聲色，等講到監獄裡鼓勵戒菸的政策，才把憋了一陣的話說出來，「蘇兄，你的菸癮幾十年了嗎？為了身體，我勸你還是把菸戒了吧。」

四十四歲從美國返台，成為專職牧師之前，警大畢業的黃明鎮當過警官，「考警大時面試，主考官要看我們的面相，在警大時也要學面相學。獐頭鼠目，顴骨特別大的，就可能會犯罪。」我摸摸自己的顴骨，還好不大，但是顴骨到底和犯罪有什麼關係？「顴骨大的人，常氣得咬牙切齒，久了之後就會刺激臉部神經，變成滿臉橫肉。常激動的人不能控制情緒，就容易犯罪。」

對於人性的理解，法治的出發點是人性本惡，宗教是善，如同在《悲慘世界》裡，警官賈維窮追尚萬強二十幾年，只因為當初他肚子餓偷了一塊麵包。神父則是在尚萬強偷走教堂銀器時，以德報怨。警察執法的鐵面無私，和宗教的慈悲為懷，像是對立的南北極，並存在黃明鎮身上。

黃明鎮是彰化埔心人，上有五個兄姊，在家中排行老么。父親是私塾老師，因為好賭，把家產幾乎敗光。家境不好，因此報考公費的警察大學。一個鄉下孩子的夢想很簡單，就是當上警察局長，「我沒背景，警大畢業後就出國讀書，想早日登上局長寶座。」

懷著夢想，他和親戚借錢繳保證金，出國後邊讀書邊打工，新婚的妻子也飛過來一起打拚。一九七四年獲加州州立大學犯罪學碩士，當時的警大校長梅可望，希望他繼續攻讀交通學，以後回校任教。但後來梅可望調走，此事無疾而終。「我十四歲時接觸教會，早就想走神的路，決定留在美國讀神學院，研究人類犯罪的緣由。」

當不成警察局長，覺得可惜嗎？「人的一生都有神在安排，神要把我這顆棋子下在哪裡？如果當警察局長，只是把犯人抓了通通關到監獄裡，並不能真正解決問題。把我放在監獄裡傳福音，是更深的心靈層次，我又懂犯罪學，這是最好的位置。」

採訪前一天，法務部長羅瑩雪上任後第一次執行死刑，槍決五個死刑犯。「幾乎所有的死刑犯，我都輔導過。」他印象最深刻的是竹聯幫大哥劉煥榮，「以前我去跟他談聖經，到了晚上他就召集獄友，講給他們聽。他道上輩分高，卻會照顧大家都討厭的精神病患，還幫他洗臉擦身。有些受刑人怪父母會面不帶錢來，他會嚴厲訓斥，叫他們寫信回家道歉。」

對於死刑的存廢，黃明鎮採折衷看法，「用國家機器以暴制暴，只能暫時讓被害人家屬高興幾天。該做的是修復式正義，受刑人好手好腳，可以在監獄裡做工，賺點錢，賠償被害人。死刑仍可維持，能有嚇阻作用，但不一定要執行，像中國的死緩，沒悔改再槍斃。」

會不會有人假裝悔改？他鏡片後的眼神犀利起來，「假裝不來！的確有受刑人會想利用信仰，取得教化分數，將來可報假釋。但信仰不是光信，要有實際的作為。我們對受洗的考核很嚴謹，要經過長期觀察，不是隨便就受洗。」

「死刑犯有兩種，一種是冷血，見了棺材也不掉淚。另一種是悔改後有熱淚，向被害人道歉，吃素、每天運動，希望把器官維持到最好，槍決後再捐贈出去。」

壞到極點的人，他說像是頭頂生瘡，腳底流膿，人心比萬物更狡詐，也有宗教都無能為力的時候，他會從犯罪社會學去理解，「有家庭、環境各種成因，可能小時候他爸爸每天打媽媽，讓他心中充滿了恨。監獄裡有祖、父、孫三代都坐牢的。」

黃明鎮幫助陳進興時遭受外界諸多責難，「我原本在美國有份好工作，為什麼要回來和壞人攪和在一起，從黑頭髮做到白頭髮？因為最黑暗的地方，只要有一點點燭光，就顯得輝煌。」在美國，黃明鎮是社工師，服務的對象是越南難民，「難民求生存不容易，有些會對社工惡言相向，如果沒有那九年的磨練，我可能會無法輔導受刑人。」

一九八六年，他利用休假的時間回台，接觸到更生團契，創辦人陸國棟希望他回台接下總幹事，幾經考慮，一九八八年，黃明鎮帶著妻兒回到台灣，在更生團契擔任全職的傳道人，薪水不到原來的五分之一。

黃明鎮的妻子許馨潔也是虔誠教徒，她說，「剛回來時很不習慣，又碰到惡鄰居，但我從來沒看過他發脾氣，他也不是濫好人，看到不合理的事就委婉地勸。團契的花費一個月要近百萬，他從來不擔心錢從哪來，每天和壞人還有問題兒童為伍，他還是覺得快樂。」目前經費一半來自募款自籌，一半來自政府補助。在花蓮的分部則常有附近農家拿米、蔬果來資助。

隔幾天，我們來到位於花蓮光復，創辦於二〇〇二年的信望愛學園，這裡專門收容行為偏差或家庭失能的青少年，「監獄積病難改，越關越大尾，在監獄裡救一個，我做犯罪預防，可以救十幾個青少年。」

下午四點，在附近學校讀書的孩子紛紛回巢，剛回來就急著去看園裡養的水牛，有個孩子撿到一隻黃毛小鴨，小鴨追著他跑，像認媽媽。信望愛的職員，有半數以上曾是受刑人，曾因販毒坐牢的劉允中，出獄後來這裡擔任生活輔導員已六年，「黃牧師很願意給更生人機會，我曾誤入歧途，所以特別了解這些孩子的想法。孩子剛來時偷竊、打架，他不責罵體罰，而是帶孩子禱告，並約定一個月不打架，就請吃牛排，他說到一定做到。」

晚餐時間，孩子們搶著跟黃明鎮坐。每個畸零的身世，他都瞭若指掌，他跟我說起J，是三兄弟中的老二，父親車禍過世後，母親天天喝酒，三兄弟被社會局一起送來。或許是以前常有挨餓的經驗，J吃東西狼吞虎嚥，幾乎不嚼。還有K，父親坐牢，家庭破碎，剛來時每天跟人打架，後來脫胎換骨，考上大學，「我帶他去探監，他看到爸爸一直哭，渴望被愛。」受刑人的孩子常背負汙名，陳進興的小孩就是由黃明鎮安排，送到美國讓人收養。

我很難想像眼前這一群「正常」的小孩，初來乍到時，有的完全不讓人碰，有的十歲還不會刷牙，有的渾身髒兮兮，臭味要好幾天才能洗得掉。黃明鎮剛回國時，為了想體驗監獄生活，還特別商請從前警大的同學，讓他入獄一天，「我到少年觀護所，和七個孩子共住一間，和他們聊了一晚上。後來他們聯名寫信給我，問我什麼時候再去看他們，那句話觸動我，後來才創立信望愛學園。」

多年來凝視邪惡，如臨深淵，「惡」到底是什麼？黃明鎮舉了一個案例，有個賣麵的男人，和同居人吵架，把他們所生的女嬰丟到滾燙的鍋爐裡，「他說那天賭博也沒賭輸，喝酒也沒喝多，吵架也沒特別兇。他自己想也想不透，女嬰是他的心肝寶貝，好像鬼在拖，無意識就做了。」一時衝動、毫無預謀、猝不及防，邪惡的起源，似乎平庸無奇地，超乎我們的想像。

【惡人】

關於邪惡，我一直記得去年看屠殺猶太人的紀錄片《浩劫》，在波蘭的特布林卡集中營，有一位理髮師回溯當時的情景。他的任務是幫進入毒氣室前的猶太人理髮，人之將死，理髮的動作並不多餘，一來，頭髮有其經濟用途，二來，理髮的動作可以讓將死之人更加相信，等下進到小房間裡，就會有熱水從天而降，溫暖凍僵的身體，是莫大的撫慰。

每個來到特布林卡的人，在擁擠的火車上餓了幾天幾夜，甚至連水也沒得喝，坐也不能，躺也不能，絲毫的動彈都不能。如牛馬一樣到了目的地，開門的瞬間，幼小老殘的早已倒下、死去，這是第一波不費力氣的淘汰。

衰弱的分一邊，健康的分一邊，衰弱的去有紅十字旗的醫護站，走到裡頭，才知挖了一個大坑，裡頭疊滿屍體，有些氣若游絲的連槍都用不上，往邊上一推，跌落，回收，掩埋或焚毀。

健康的那邊，排好隊伍，男左女右，循序往「浴室」走去，或許要問，為什麼還要分出衰弱的，全部送進毒氣室也可以呀。

精密計畫中，衰弱的，用拐杖的，走不快的，必定會阻礙、延遲、拖累「生產線」上，讓「貨物」進入毒氣室銷毀的速度。

一如運輸也是精密計畫中的一環，從希臘、義大利到波蘭的長途車程，途中先不提供飲食，人會因為飢餓、乾渴而失去任何判斷能力，在特布林卡的守衛並不多，而運來的猶太人是數以萬計，不成比例，但從無抵抗，只是順從。

務必在最短的時間，處理掉最大數目的「貨物」，因此在抵達終點之前，在天花板的瓦斯降下之前，不能製造任何恐慌。過程裡及目可見，是不誤點的德國火車，是紅十字會符號，是不會任意濫射、虐打猶太人，軍服畢挺，紀律嚴明的SS黨衛軍，是文明與現代性。

這是我所聽聞，最邪惡的事了。

高雄大寮監獄劫持事件發生當天，我在桃園採訪消防員，他宿舍裡的上鋪，左邊，右邊的三個同仁，都在上個月的火災中殉職。最後要他錄一段給三個兄弟的話，他對鳳翔很愧疚，因為火災當晚，本來是鳳翔要跟他換班，但他無法，生死就在一瞬間。他把彥茗當弟弟，彥茗是他見過最有才華的人，會各種樂器，日文一級棒。長融和彥茗都二十一歲而已，才從警校畢業沒多久，剛下單位。長融很獨立，不跟家裡拿錢，為了省錢住在易被干擾的宿舍裡。

我問他最怕什麼？毒蛇？虎頭蜂？還是火災？他說以上皆非，他最怕的東西只有一個，就是「長官」，無止盡地發派與消防專業無關的，包山包海的其他業務，讓消防員沒有時間去訓練火場專業技能。

這天剛好是桃園六個殉職的消防員公祭，家屬抱著骨灰罈，帶長融、彥茗和鳳翔回「娘家」，回到當初出勤，就再也回不來的永安分隊。鳳翔的妻子哭成淚人，她懷裡還抱著一個未滿月的嬰孩，鳳翔出事時，小孩剛出生，她還在坐月子而已。

這是我所親見，最殘忍的事了。

令「他」懼怕的長官，在桃園小巨蛋依輩分資歷頭銜梅花星星坐著的那些，每一個看起來都人模人樣。迎靈回來時啟動消防響鳴，長官哽咽地喊著，「鳳翔、彥茗、長融，勤務結束，歸隊了，接下來你們好好休息。」一聲淚俱下，至情至性。

我困惑了，誰是惡人？高雄大寮監獄裡刺龍刺鳳的那些？還是我眼前衣冠楚楚的這些？

我們果真離邪惡那麼遠嗎？

二〇一四年十月

溫柔的復仇

奧比薩克斯

牆上電視正在播奧比・薩克斯（Albie Sachs）的訪談，他不疾不徐地說著，「……六〇年代，當時的台灣政府，支持南非實施種族隔離制度。」近八十歲的奧比是南非前大法官，一九九四年，他為甫上任的曼德拉（Nelson Mandela）政府制定人權新憲法，推動南非民主轉型。最近他獲得第一屆「唐獎」法治獎，於是攜家帶眷，從南非搭乘十七個小時的飛機，千里迢迢專程前來。

這一天他抽空到中正藝廊參觀唐獎的展覽。藝廊上方盤踞著昔日威權者的巨大石像，不遠處，憲兵正練習操槍。奧比知道這是中正紀念堂，紀念的是支持南非實行種族隔離的蔣介石。奧比長年反抗隔離制度，曾數度入獄。如今關於他的生平介紹，選在這裡展出，像是種諷刺，但這並不妨礙奧比，他饒有興味地看著自己十七歲時的照片，用左手指給我看，「So young！」

奧比不是左撇子，他慣用的右臂只剩一小截殘肢，一九八八年，南非特務在他車上裝置汽車炸彈，爆炸後他喪失一臂一目。剛開始他失去平衡感，連走路都有困難。而今他穿著好走的氣墊鞋，演講時坐在無扶手的高腳椅上。大家鼓掌時，他用左手拍著自己的大腿。他的肢體動作很多，特別是講到忘情處，在空蕩的右邊袖子裡，斷臂常不由自主地躍動起來，彷彿京劇女伶甩動著長長的水袖，竟比完好無缺的左手，更有生命力。

一九五〇年起，南非政府制定一連串的種族隔離法律，有色人種（包括黑人、黑白混血、黃種人）只能在特定區域居住，出外需有通行證，否則會被逮捕。當時十七歲的少年奧比，白皮膚、藍眼睛，有著猶太人的高挺鼻樑，本該是享受特許待遇的膚色，卻參加「反抗惡法」運動，他坐在郵局前黑人區的長椅上，被逮捕入獄。

當時他在開普敦大學讀法律系，「那是一段人格分裂的時光，白天我在大學上課，教法律的教授們，對正義漠不關心。晚上我參加地下組織，教窮人讀書，在貧民窟非常簡陋的棚屋下，點著燭光，我只能看見這些黑人的眼白、牙齒，他們追求正義，卻非常痛恨法律，因為法律只是用來壓迫他們的工具。」

在他成長的年代，周圍的白人，大多不覺得種族隔離有什麼不妥。特立獨行的奧比，來自一個充滿政治氛圍的家庭，父母都是來自立陶宛的猶太移民後代，父親 Solly 是不分黑白，只問階級的工運團體領袖，母親 Ray 是南非民主鬥士 Moses Kotane 的祕書，「我媽媽是白人，卻有個黑人老闆，她很尊敬她的老闆，讓我從小就不會覺得白人比黑人優越。我媽媽還利用晚上的時間，教 Moses Kotane 閱讀和寫字。」

奧比六歲時，父親曾寫一張卡片給他，「願你長大成為爭取自由運動的尖兵。」奧比在第二段婚姻中所生的小兒子 Oliver 才七歲，在早已結束種族隔離制度的新南非，「我永遠不會寄這樣的卡片給兒子，那實在太沉重了。」

奧比沒有辜負父親的期許，卻付出了龐大的代價。大學畢業後，他成為執業律師，為違反種族隔離法的黑人辯護，成為當局眼中釘，一九六三年奧比被捕，當時有個「九十天惡法」，在未經審判下可被關押九十天，在獄中他單獨監禁，反覆背誦美國各州州名，按照英文字母的次序唱《Always》、《Because》……從A到Z，才免於瘋狂。九十天後他出獄，又再度被捕，永遠會有下一個九十天，沒完沒了。

講起這段經歷時，他當場唱起歌來，歌聲長出羽翼，載他暫時飛離囚籠。生命中不可承受的，便幽默以對，他最喜歡的電影是瑪麗蓮・夢露主演的喜劇片《熱情如火》，看過五次。他常常講笑話逗人開心，「不只是開玩笑，而是受壓迫者以戲謔鬆動現實的鐵板，以寬廣的胸懷面對人間的苦難。」

前妻Stephanie和奧比一樣，都是爭取人權的鬥士，奧比幫她打官司，因此相戀。一九六六年，奧比和前妻流亡到英國，育有兩子，奧比在Sussex獲得法學博士學位，接著在大學教書。如果人生棲止於此，從此過著中產階級的安穩生活，不好嗎？「當時英國的法律禁止婦女選議員、當律師，有嚴重的性別歧視，這不是我理想中的法律，我決定回到非洲。」

在英國待了十一年之後，他離開妻兒，來到南非的鄰國莫三比克，當時曼德拉所屬的反對黨——非洲國民議會（African National Congress，簡稱ANC）流亡海外，總部設於莫三比克，奧比成為他們的法律顧問。一九八八年，在莫三比克首都馬布多，奧比遭受汽車炸彈攻擊，在醫院醒來時，首先浮現在他腦海的，還是笑話，「一個人跌下公車，爬起來前先在身上畫十字，朋友以為他是天主教徒，他說不是呀，我只是摸摸我的眼鏡（上）、睪丸（下）、皮包（左）、手錶（右）還在不在。」

依樣畫葫蘆，在病床的薄毯底下，奧比用左手先摸到睪丸，他在書裡這麼寫，「我的陽具還在！我的老雞雞啊！這傢伙曾經帶給我許多的歡樂與哀愁，接著檢查蛋蛋，一、兩顆都在，人又有了慾望，是多麼美好。」奧比最後摸的是手錶，戴在右手上的，自然已經不在了。

一九九四年，曼德拉當選總統，任命奧比做憲法法院的大法官，奧比上任後首先否決曼德拉兩項不符程序正義的提案，恩將仇報，「這是我用法治『感謝』他的方式。」另一方面，對當初放炸彈的仇人，大法官卻沒有以法律「追訴」，那是一個叫亨利的年輕人，南非民主轉型後，亨利失去工作，有些落魄，來找奧比，奧比對他的懲罰，僅僅是不跟他握手而已。

亨利聽從奧比的建議，到「真相與和解委員會」，講出真相，在電視上播放，讓全國人民看到，然後獲得赦免。再次見面時，奧比主動伸出手來，此次接觸對雙方都有不小的震盪，奧比癱倒在身旁朋友懷裡，亨利回家後，足足哭了兩個禮拜。

我問奧比，對於刑求你的警察，暗殺你的特務，怎麼可能不恨？這不是人之常情。他聳聳肩，「我的確沒有恨，一度懷疑自己是不是有什麼問題。也許因為我抗爭的對象是整個不公不義的制度，沒有必要去恨個別的人。」

此次來台，小他三十歲的第二任妻子 Vanessa 也同行。Vanessa 黑白混血，淡棕膚色，兩人相識於二〇〇六年，如果在從前，不被允許通婚，往昔還有這樣的例子，混血妻子假裝成女傭，才能和白人丈夫住在一起。Vanessa 說，「奧比說過，失去右手是幸運的，因為右手是力量之手，會把人推開。而左手是擁抱之手，能接納所有人。」

失去力量，卻多了體貼的獨臂奧比，在十五年的大法官生涯中，曾判決許多經典案例，例如宣告死刑違憲、同性戀結婚合法，也為社會底層的窮人、性工作者翻案，還其公道。美國知名憲法學者 Cass Sunstein 曾形容南非的憲法是「世界歷史上最令人尊敬的一部憲法」。中研院研究員黃丞儀說，「南非憲法法院做出許多讓全世界驚豔的判決，成為學者研究的對象，也常被各國法院引用。」

攝影 李智為

讓我們再回到一九八八年，奄奄一息的奧比躺在病床上，ANC的夥伴託人帶口信，要奧比別擔心，一定為他復仇，卻被他拒絕，他說，「如果民主能在南非生根，即使放炸彈的嫌犯因罪證不足而獲釋，也會是我溫柔的復仇，代表純潔與殉道的百合花，將會從我斷臂裡綻開。」

於是我們終於能夠理解，奧比為什麼毫不在乎，關於他的得獎事蹟，竟然選在中正紀念堂展出。換個角度想，這正是奧比甜美的復仇，牆上的電視一遍又一遍地播放著，「六〇年代，當時的台灣政府，支持南非實施種族隔離制度。」不怨不憎，無喜無悲，柔聲卻也極其有力地提醒我們，抗拒遺忘，才有寬恕。

愛在滋生

二〇一五年二月

楊婕妤

浴室門打開，白煙蒸騰，楊婕妤從霧中走來，仍穿著睡衣，滿手泡沫，顯得狼狽。十度的冷空氣讓霧散開，才發覺浴室裡還有十來個一歲左右的小孩，楊婕左手幫女娃抹肥皂，右手幫男娃沖水，五十幾個孩子，她一個人分幾梯次洗完。而她自己，早已全身濕透，濕髮披肩出來，沒有時間吹乾，她開始收拾地上的玩具。

早上七點來到位於木柵的「關愛之家」婦幼部，一屋娃娃此起彼落哭鬧，像混聲合唱，除了楊婕妤，還有幾個助手：一個幾乎毀容的瘦長女人，抱著娃娃餵奶。女人從前是吸毒者，因此感染愛滋，也有精神疾病，楊婕妤說，「她常和別的病人打架，只有在這裡和孩子相處，她的精神狀況才穩定，沒再發病。」

操著中國口音的大媽，正一匙一匙餵腦性痲痺的五歲孩子吃粥。孩子的父母均吸毒入獄，父親出獄後曾來看過他一次，大哭一場，此後音訊全無。大媽也有故事，她嫁來台灣，被老公遺棄，無處可去。還有不少助手是外勞，她們不是勞動的機器，也有七情六慾，在台灣交了男友，珠胎暗結，來這裡生下孩子，也幫忙照顧愛滋病人，等存夠機票錢，就要帶著孩子遣返。

一屋的鰥寡孤獨，承受各種汙名的疾病、身分、國籍中，楊婕妤無疑是那顆遍照一切畸零的太陽。寒冬裡，她只穿薄紗長袖、七分褲、夾腳涼鞋。她是熱源，不時有娃娃朝她爬來，像無尾熊抱緊尤加利樹，攀住她的腿不放，多是雙眼皮深輪廓的南洋之子。

五十八歲的楊婕妤是關愛之家的負責人，投入照護愛滋病人工作已逾三十年。醫藥發達後，孕婦可透過服藥阻斷病毒，不傳給下一代。關愛之家的愛滋寶寶少了，外勞收容比例增多，楊婕妤來者不拒，她說，「收容外勞是無心插柳，沒想到外勞反過來照顧愛滋病人，成為得力助手。」同住的外勞不怕，外頭的鄰居則因為「免於恐懼的自由」，曾打官司要關愛之家遷離，一審鄰居勝訴，二審時才在二〇〇七年通過修法，「不得拒絕愛滋病患安養、居住或其他不公平之待遇。」

楊婕妤第一個照顧的病人是劇場人田啟元，一九八六年，田啟元還是師大美術系學生，去成功嶺受訓時拉肚子，主動告訴醫官他有愛滋病，成為頭條新聞。師大學生寫聯名信給校長，希望將他退學，喧騰一時，田啟元後來以電話授課的方式完成最後一年學業。

一九八六年，三十歲的楊婕妤是獨自撫養小孩的單親媽媽。她是高雄人，高雄商專設計系畢業，二十七歲那年因為前夫外遇，她跟朋友借了兩萬塊，帶著兒女北上謀生，一開始是房屋仲介，後來開設計工作室，田啟元是工讀的學生，「那時看他很落魄，想自殺。我家有多的房間，就叫他來住。後來認識越來越多患者，我家最多收了十個病人，住不下，又另租房子。」

三十年前對於愛滋病的汙名尤烈，田啟元的母親害怕鄰居異樣眼光，不讓他回家。熟識的同學去醫院看他時，只敢在門口逗留。楊婕妤只是雇主，卻把他接回，同吃共住長達六年。因為有棲身之地，田啟元後來才能在劇場界發光，在一九九六年過世之前，十年間他完成許多重要作品。

「知道他有愛滋時，我們已經認識一年，要感染早就感染了，不需要落井下石。如果看見別人受苦，卻不幫忙，說不過去。」只因為「說不過去」，楊婕妤敞開大門，接納不斷上門求助的病患，為了籌措經費，她做過二十幾種行業，還出國跑單幫，帶衣服回來賣，「我很會塞，一次可以帶一百五十斤的貨回來，田啟元也去歐洲幫忙帶貨，他很開心能出國透氣。」

這天楊婕妤的早餐是志工帶來的麵包，她只啃了幾口，九點多離開婦幼部，驅車來到專門收容愛滋病人的成人部。儘管有護理師，她的手仍停不下來，疊被摺衣，一床巡過一床，不會動的植物人，她依舊摸頭拍背，五十歲的大男人，在她懷裡像孩子一樣。

七十八歲的龔伯伯來到這裡三年，剛來時全身癱瘓，如今復健到可以走路，「只要沒出國，她一定每天過來，再煩的病人她都有耐心傾聽，只要看到她，就很難放棄自己。」只有十分之一的病人有能力繳費，其他的照護費用，都靠募款而來。楊婕妤算支出給我們聽：

南北共五個收容所，一個月房租要七十萬，還有水電、伙食費、付給工作人員的薪水，婦幼部一天就要喝掉二十四罐奶粉……。

也是感染者的好友韓國強說，「我在愛滋病的圈子很久，當年很多人在第一線出鋒頭，現在這些人都消失了，留下來的只有楊婕妤。以前她為了照顧病患，生活很拮据，常常煮了中餐，晚上的菜錢就沒了。只要是感染者，吸毒的，精神病患都收。有病人會全身脫光，蹲在辦公桌上便溺，也有病人想獨佔她，忌妒她對別人噓寒問暖，把她的頭打破。」

再難纏的病人，她皆不以為意，只因從小家裡就有一顆不定時炸彈，那是在二二八事件遭受創傷的父親，長期進出精神病院，一發作就拿刀威脅要殺全家。家在學校旁邊，父親會對著在操場上玩耍的她以及其他兄姐叫罵，說他們是妖怪的孩子，楊婕妤說，「我覺得丟臉，假裝不認識他，後來索性下課躲在教室裡，不去操場玩。」

父親不事生產，且常砸壞母親服裝店的玻璃，母親不離不棄，挑起重擔，養大九個小孩，楊婕妤排行老么，兄姐離家早，紛紛出外求學，她遺傳了母親的刻苦耐勞，留家最久，結婚後才搬離。家裡經常連鹽都沒有，母親叫她去隔壁借，低聲下氣習慣了，所以她不怕丟臉，很敢募款，「現在想起來很感恩，如果沒有這些磨難，我就不會有堅強的意志來做事。人沒有評判他人的權力，我父親也是精神病患，我為什麼要拒收？」

把她打破頭的病人，幾年後在墓園上吊自殺，她無怨，照例送他最後一程。親人不聞問，葬儀社不敢收的感染者大體，她去買棺木自己入殮。有一度開花店，原本載花材的廂型車，她常拿來載棺木，火化後舉行簡單的追思儀式，骨灰海葬，從此無傷無礙，無病無痛。

她送走過上百個病人，「以前病人死掉，我會哭整個禮拜，現在已經能在遺體旁開玩笑，你要保佑我們，投胎要做記號喔。」死亡教她豁達，田啟元去世時她人在國外，沒回來奔喪。死亡也讓她萬分內疚，早期她出國跑單幫時，志工帶記者來拍照，嚇壞感染者，倉皇搬離，發高燒也不敢求助就醫，因此去世。為了病人感受，此後多年她隱姓埋名，不露臉，不受訪，也不對外募款。

直到二〇〇三年，她去中國，接觸了河南愛滋村議題，村子裡青壯年因賣血感染死亡，留下很多孤兒，老爺爺老奶奶看到她來，就跪下來，求她把孫子帶走。「回來後只要一湊到五萬塊我就匯過去，但台灣病人已經讓我焦頭爛額，我何德何能去幫助別人，每天哭不停，朋友勸我成立民間組織才能對外募款，那年才正式成立關愛之家協會。」

二〇〇六年，她得到醫療奉獻獎的肯定，兩個月後，她在超市偷竊的新聞上了頭版。「錢不夠，偷了一罐奶粉、一包濕紙巾。真的很丟臉，但新聞出來後，當天就有接不完的電話，湧入大量捐款。」醫療獎是虛名，換來同情與資源的，反而是寒傖的偷兒處境。

多年來她的感情生活空白，「前夫曾想復合，但只要他一感冒，就疑心我帶什麼病菌給他，就不了了之。」女兒已結婚生子，本可含飴弄孫，但她仍放不下關愛之「家」。韓國強說，「她晚上回婦幼部，一堆小孩黏她，全部哄睡後，她才躺平，往往睡不到三小時，聽到第一聲嬰兒哭聲，她又爬起來餵奶。保姆還在睡，她體恤別人睡得不夠。」

晚上她陪睡的是早產的愛滋寶寶，身軀細小，之前曾因喘不過氣而缺氧，一哭就要馬上抱起來拍背。寶寶一身是病，她卻很樂觀，「現在愛滋完全可以投藥控制，等他長大就會發明更好更新的藥。」她細數樂觀的理由，在河南收容的愛滋村孤兒，已結婚生子，回鍋當工作人員。在台灣最早收的愛滋寶寶已上高中，仍住在這裡，「身體壯得像牛，早就測不出病毒量。」她喜孜孜地說著。這些年不僅送死，也養生。我回想早上去婦幼部時，和正要出門上學的高中生擦身而過，他主動和我打招呼，精神抖擻。時間是魔術師，他的雙腿也曾瘦弱細小，如今只管健壯地向前走去。

【燕子】——拾遺

楊婕妤的採訪文章刊出之前，我有事到高雄，特別抽空去見了朋友的朋友。

朋友的朋友，去年在臉書上傳訊給我，她告訴我，我的朋友燕子，已經在二〇一〇年於花蓮七星潭跳海身亡。

我最後一次見到燕子，在二〇〇九年，那時他回高雄生活快一年。他特地北上，說要給我一個驚喜。在公園見到他，卻是形容枯槁，浮動青筋的手上，燙滿菸疤。他失戀了，愛上一個虛慕榮華的小gay，小gay嫌三十五歲的他老，正如從前燕子二十幾歲時，他也嫌過別人老。

他要帶來的其實是一個更爆炸性的訊息，夾藏在他的情傷中，不知道在哪一次的轟趴中，他同時感染了愛滋和梅毒。

燕子說得稀鬆平常，在人前仍有說有笑。我盯著他手上潰爛的菸疤，什麼安慰的話也說不出來，而驕傲的燕子，也從來不要人安慰。在台北拮据度日，他每個月繳了房租，就把剩餘的錢拿去買書買CD看電影，往往一兩天才吃一餐，走路像會飄走，他租屋樓下賣麵的阿姨看不過去，有時喊他來吃麵，不收錢。他虐待自己的身體，卻盡其所有大量澆灌心靈。

燕子只有高中畢業，他不繼續升學，因為只想趕快離家，離開暴力的父親，以及總是隱忍的母親。多年來他做的都是服務業工作，工時長達十幾個小時，每天回家就耗損殆盡，有再多的書本環繞都枉然。

與燕子交接的那幾年，我賴著學生身分，無所事事，大量讀書看電影，因為住家裡，當然都吃得飽。我們是聊書和電影的網友，第一次見面很隨機，半夜兩點約在誠品，帶了一本他想看的巴舍拉《空間詩學》借他，點份三明治給他（知道他總餓著），一路聊到早上六點，搭第一班捷運離去。

那是哪一年呢？記起來了，那是侯孝賢《最好的時光》上映的二〇〇五年底，我和燕子各自去看，心醉神迷。台北生活費高，房租高，我沒有這些顧慮，可以一個月連趕幾個影展。

燕子不同，他要賣力去工作的話，就沒有時間讀書看電影。他要想追求精神生活，生活費房租哪裡來。他不甘時間被工作綁住，他聰明，在工作上表現好，常有升遷機會，他卻總是拒絕，有時乾脆辭職不做。

二〇〇八年夏天，他說要回高雄，一方面可以省房租，二方面可照顧母親，他在的話，父親比較不敢肆無忌憚地毆打母親。他臨走前，我們一起在我家客廳，連看好幾場美國公開賽，我們都是費德勒的超級粉絲，忘了費德勒最後是贏是輸，總之，像個過渡的儀式，看完他就南下，離開台北豐足的文藝生活。

再見到他，最後一次見到他，是隔一年二〇〇九年夏天，他更瘦，也更殘破了，清秀削瘦的臉龐上，一雙眼睛顯得更大了。

看到他的狀況，難免驚心，我說過一陣子要去高雄看他，我總是常跟朋友這麼說，過一陣子約吃飯，過一陣子約見面，卻從來沒有放在心上。我的朋友太多，我有太多書要看，太多影展要趕，我刻薄寡恩，不重承諾。

九月，我沒有如約定的去高雄看他。我幫《壹週刊》出旅遊差去了柏林，行前忙亂，回來也忙亂，一直到近年底才寫信給他，草草幾句，因為出差不能去看他之類的話。

事後回想，我是因為忙碌而漫不經心？還是潛意識裡想逃避，燕子的低氣壓沾上身來？

他沒有回信，手機也換了號碼，他一貫的堅壁清野，人間蒸發。二〇〇六年，一代名妓官秀琴在跳海前曾說，「我是站在懸崖邊的人，再一步，就要落海。」當時燕子跟我說，他深有同感。二〇一〇年，不會游泳的燕子選擇跳海的方式輕生，他在高雄一位始終照顧他的好姐姐S，一年多後才接到燕子媽媽的電話，報死訊。二〇一四年，S透過臉書告訴我燕子的「下落」，死亡的時差，有五年之久。

採訪楊婕妤的那一天，寒流來襲，飄著細雨，參觀完照顧愛滋病人的關愛之家成人部，她開車載我下山時，我跟她提起了燕子，我也曾經有這麼一個感染者朋友，最後他走投無路，跳海自盡。我是個失格的朋友，可以和他談文論藝，該拉他的時候卻沒拉他，害怕他的傷痛如暗潮湧來，讓我濕了腳踝。

燕子是我的朋友，而楊婕妤照顧的感染者，都與她非親非故：有把她頭打破的精神病患，也有同志、吸毒者、河南愛滋村的孤兒……。

謝謝楊婕妤和關愛之家讓我知道，像燕子這樣的人，在另一個平行宇宙裡，可以有怎麼樣的歸宿，可以怎麼被好好對待。

起來！受苦的人

二〇一四年六月

梁國雄（長毛）

禮拜天中午，在香港的維多利亞公園，正直播一個時事評論節目。早早就有人來佔位置，一群老伯手舉「槍決長毛狗」的標語，磨刀霍霍。「長毛」是今天的來賓，他一出現，現場就如油鍋沸騰，「屌你老母」的髒話四射。這群老伯在香港素有「維園阿伯」之稱，親共立場，不滿民主派人士，長毛是他們的頭號要犯。

五十八歲的長毛本名梁國雄，是香港立法會議員，少有人叫他梁議員，人人都叫他「長毛」。顧名思義，他留著一頭直到腰際，灰白夾雜的長髮，鬆鬆束起，像條馬尾巴，是他的正字標記。前幾年維園阿伯曾將他圍住追打，因此今天節目結束後有警察護送他，出了公園他又孑然一身，沒有保鑣，也沒有轎車接送，T恤短褲的庶民裝扮，一下子就溶入市井。

我們跟著他搭沒有冷氣的叮叮車，票價一律是港幣兩塊三，比在台灣搭公車便宜。在街上，不時有人當他是偶像，要簽名合照。愛之欲其生，恨之欲其死，他長年的抗爭形象，被一些人視為英雄，但也被另外一群人視為破壞安定的搗亂分子。

二〇〇四年沒有資源背景的他選上議員，震驚香港政壇，之後又高票連任兩次。在國會殿堂，他堅持不穿西裝，總是穿別人所送，印有切·格瓦拉的T恤，「我代表我的選民，他們都是做工穿T恤的。」他對前來施政報告的官員丟東西、撒冥紙，多次被驅趕出去。

在朝不忘野，上個月反香港高鐵追加預算的街頭抗爭，他被警察強灑胡椒噴霧，以一介議員之尊，落得狼狽不堪，無豁免權。

今年六月，對長毛而言，有兩件大事，一是巴西世界盃，因為他是資深足球迷。二是「六四」二十五周年，每年六四，他都要抬棺去以前的新華社，現在的中聯辦抗議，持續二十幾年不間斷。

一九八九年天安門事件，離九七回歸不到十年，大限在即，馬上要面臨殘酷鎮壓人民的政權，憂患意識促使百萬人上街。此後二十年來的六四紀念活動，每年在維多利亞公園的燭光晚會，都有好幾萬人參加。相較於台灣近幾年參加六四紀念活動的只剩幾百人，港熱台冷，落差甚大。

然而，近幾年由於陸客到香港搶奶粉、生產佔床位的紛爭不斷，中國人被比喻為大舉入侵的蝗蟲，香港主體意識高漲。代表性的言論包括學者陳雲提出的「城邦論」，強調需以香港的利益為優先，認為中國的民主應由中國人自己爭取，與香港人無關，要求平反六四是大中國主義，這種人愛中不愛港。隨著中港矛盾激化，陳雲城邦論的影響益加擴大。一向批判中共政權，香港著名時事評論家李怡，最近也在香港《蘋果日報》的社論〈該放下愛恨交纏的六四包袱〉寫到，「八九年確實使香港人對中國產生了愛恨交纏的感情，這感情妨礙了香港人爭取民主的意志，只有放下包袱，才能為香港民主出一份力。」

「放下六四」才能爭取香港民主？長毛說，「放不放下是個人的選擇，對我而言，一個政權用軍隊去殺自己的人民，二十五年後被逐漸淡忘，就是鼓勵它可以再做，將來香港有示威活動，也可能被解放軍鎮壓。」

他的手機鈴聲響起，是國際歌，不分國籍種族，傳唱的是全世界受苦的人。他所景仰的切・格瓦拉是阿根廷人，到古巴和卡斯楚一起革命，打下江山後，不戀棧權位，先到剛果打游擊戰，最後死在波利維亞政府軍槍下。到了今天，我們不會質疑切・格瓦拉不愛阿根廷。

長毛身上的T恤印有「天安門母親」的圖樣，今年四月，他隨立法會到上海開會，穿的也是同一件T恤，明知山有虎，偏要捋虎鬚，他拒絕脫下「違禁品」，被原機遣返。當選三次，就任宣讀誓詞時，他都額外加上一句，「平反六四」。

他的立法會辦公室，除了各種抗爭道具，還有滿牆的書，政治的，歷史的，足球的，馬克思、恩格斯、毛澤東、陳獨秀的精裝全集，切・格瓦拉的肖像無所不在。泡水風漬書不少，可見這些書跟著他已久。「我十二歲就看毛澤東的書，很迷，直到一九七一年林彪被殺，我才了解毛澤東在中國搞的社會主義是假的。」

父親是混混，在他六歲時離家，家中經濟全靠母親在英國家庭幫傭，「我被寄養在遠房親戚家，他們家有七個小孩，常欺負我，我只好逃進書中。生命就是一本書，我在母親的工作裡看到階級的剝削，殖民者的壓迫，她在幫傭的家裡只能從後門出入，她一半的工資要付給我的寄養家庭。」

這故事好像雨果的《悲慘世界》，單親媽媽賺錢支付鄉下寄養孩子的生活費，但那孩子卻被苦毒。一談到書，長毛就有興致，「我看過民初蘇曼殊的譯本，」但勾連起童年，又不免傷感，他為自己倒了一杯威士忌，沒多久就喝掉大半瓶。「媽媽禮拜天休假時，會帶我回家，那房子沒有廁所，非常小，但終歸是我們的家。」短暫的相聚時光，卻在母親打麻將中度過，「我後來去做工，才理解她為什麼要打麻將，勞動生活很苦悶，放假就想消遣。」

他的辦公桌上有張混血小女孩的照片，「是乾女兒，」多年來他雖然交過女友，但始終不婚，無家累。十四歲他逃離寄養家庭，半工半讀，白天上課晚上在大排檔端盤子，租個床位就是棲身之所。「不想增加媽媽負擔，高中畢業沒繼續唸，想著工作幾年再回去念書，後來就不了了之。」

進不了學校，長毛卻無所不讀，他隨口聊起謝雪紅的台共歷史，劉大任、施明正的小說，忽而話題又轉到汪精衛的詩詞。不管讀書多少，溫文儒雅和他沾不上邊，媒體獵取的永遠是他在國會丟東西的野蠻形象。我上立法會網站找到他的發言紀錄，短短幾分鐘，他引了浮士德、高爾基、佛洛斯特、馬克思、郁達夫。他的國會助理黃浩銘說，「他從來不叫助理幫他擬講稿，全部都在他的腦袋裡。社民連只有他一個議員，無法分工，他都想監督，一個人參加了十個委員會，教育、社福、經濟……什麼都有，還好有他以前廣泛閱讀打下的基礎。」

從十四歲到四十八歲當議員，中間長達三十年的時光，長毛打零工，做粗活維生，他當過服務生、地盤工人、巴士公司洗車工……，唯一一份不用流汗的兼差，是做翻譯（英翻中），「我的英文是靠聽BBC廣播學來的。」至今不管如何忙碌，每天睡前他都要看兩小時BBC的國際新聞。

十五歲時參加香港保釣運動，一上街頭，就再也沒離開。「為了抗爭方便，不被綁住，我才一直打零工。」他喜歡上大夜班，晚上洗巴士，白天抗爭。不會體力透支嗎？「我不大有累的感覺，一向如此。」跟著長毛幾天，我們都累壞了，他仍然精力充沛，也許是以前勞動生涯打的底，去年的腳傷未癒，微跛著一隻腳，他還去踢足球。踢的位置是中場，和切・格瓦拉一樣。

國際歌持續響起，我想起他在街上遇到一群找他拍照的高中生，他給每人名片，上面有他的手機，任你是誰，都可以打給他，沒有助理過濾電話。前公民黨議員陳淑莊說，「他常關心一些沒選票的議題：同性戀、反核、老人……，要他聲援他就去。選舉時競爭十分激烈，為了要贏，同陣營的候選人會互相攻擊，自己人搶自己人的票，長毛從來不做這種事。早上七點半開始投票，晚上十點才關票匭，到了下午兩點，他有把握自己會贏，他居然公開呼籲叫選民不要投他，改投其他泛民主派的人。」

他至今仍住在租給低收入家庭的公屋裡，他笑著說，「很小，連我的辦公室三分之一都不到。」攻擊他的人說以他的收入不應該霸佔公屋，「我的收入超過，但資產沒超過上限，沒違反規定。以後我不做議員，還是要住這裡。」當了三屆議員，沒能累積資產嗎？助理黃浩銘說，「他每個月的薪水八萬三千港幣（相當於三十二萬台幣），其中四萬拿出來當抗爭基金，還有薪水的百分之十五捐出來給社民連。」

晚上他請吃飯，在立法會旁只有英文菜單的高檔餐廳，看著價目單，我總說自己飽了，不敢多點。當議員之前，基層工人的他不可能進這種餐廳。當議員後，他仍習慣吃泡麵，或者在立法會餐廳吃自助餐。他生活簡樸，但對朋友大方，花錢在別人身上不手軟。隔天我們去他常去市場裡的大排檔，吃飯前長毛說這家店貴，我心想大排檔能貴到哪去。四道無昂貴食材的菜，幾瓶不太貴的酒，結帳時是六千多台幣。後來說給香港朋友聽，都說被騙。

我忽然了解他的錢都到哪去。他薪水高，手頭鬆，不在意有心人想趁機揩油。當不當議員都是住公屋，吃泡麵，十年前母親過世後他更無牽掛，「我快六十歲，下一屆可能不出來選，我想做很多事，想當足球教練，想寫一部亞洲的共產黨史。」

他的長髮從十四歲留到現在，只曾經在因抗爭短暫入獄時被迫剪去，「留長髮是我獨立的開始，此後沒有人可以管束限制我。」他的頭髮又多又長，放下來像豐沛的瀑布，像是他堅強意志、無窮精力的延伸，哪裡有不公義，就往哪奔流而去。

攝影 蘇立坤

約束的場所

二〇一四年三月

三一八學運 從倒數第七天開始

第六天　鎮壓

三月二十三日（星期天）

出門前，朋友Z打給我，說消防車正在灌水，等下要到行政院協助鎮暴。Z知道內線消息，因為她的男友是消防員。Z的心情很複雜，她因為男友而接觸消防員，以此為論文題目，也幫助爭取勞動權益。她沒想過，消防車有一天會變成鎮暴的工具。

晚上七點半另一批人佔領行政院後，臉書上不時有人放假消息，「不要前往行政院，那只是餌，快點回到立法院，警力正在集結。」然而還是一下就聚集上千人，我遇到許多第一夜佔領立法院的熟面孔，F和他一群樂團圈朋友，是首波衝進行政院的人，他們沒有嚴密的組織，純粹因為不滿下午馬英九召開記者會的麻木回應，以及學運走向溫和禮貌的小清新風格。

這幾天在立院，學生列隊鼓掌歡送警察交班，寫溫馨紙條獻上太陽花，把「謝謝警察」時掛嘴邊。究竟是敵是友？今晚，黑幕終於降下，鎮暴警察棍棒齊飛，扳手指，揪頭髮拳打腳踢，用綠油精塗眼，以辣椒水強噴。我在最外圍得以倖免，回家後打開臉書，一位二十來歲的女孩說，「我被粗魯地推向出口，警察將左手扶在我右肩上，和善地說『好，快出去，』右手冷不防一拳朝我腹部擊來。」

天終於亮了，噴著強力水柱的水車，沖散行政院前的人群，也徹底洗去怵目驚心的血跡。聯絡上Z，她被熟悉的消防水柱強力驅離。打開電視，正報導學生在行政院竊取機密資料（後來證明為不實消息）。蕭家淇說學生真可惡，居然偷吃他的太陽餅。江宜樺開記者會說，警察沒有暴力鎮壓，只是拍拍肩膀柔性勸離。天真的亮了嗎？也許，還是黑的。

第五天　小確幸

三月二十二日（星期六）

佔領立法院後的第一個週末，陽光露臉，宜闔家出遊。許多父母推著娃娃車來了，攤販也來了，卻乏人問津，現場吃喝免費，無時無刻有義工在問：要不要吃包子？要不要來碗麵線？熱湯、咖啡、粽子、肉羹，持續有好心民眾送來食物，怕學生餓著渴著。過剩的食物堆積著，瓶裝水半年也喝不完，都忘了這裡是台北市中心，附近有三家便利商店，一家麥當勞，一家超市，以及許多餐廳。二十來歲的大學生，不必把他們當小朋友照三餐餵食。

在台灣讀研究所的陸生L來了二次，他說，在網上看這次抗爭，覺得像革命，來到現場卻發覺吃吃喝喝，過度溫和，像一場嘉年華會。L今年二十六歲，福建人，來台一年半，刻意不待在陸生的小圈圈裡，交了很多台灣朋友。他自承不是典型陸生，「大部分陸生喜歡台灣的人情味、小確幸生活，他們覺得兩岸簽訂貿易是好事，台灣經濟低迷，大陸願意讓利，很奇怪為什麼台灣人不接受。」

L支持學生佔領立法院，也覺得黑箱不走程序的部分有錯，但對於服貿本身，並不覺得是壞事。在中國，完全沒有可以討論公共議題的空間，「充滿謠言和陰謀論，久而久之，不知道要相信什麼。」L很訝異台灣學生搞社運，可以這麼天真、單純，不用太多理論，但很有莽撞的行動力。在中國，他這一輩熟習網路的年輕人，都可以在網上輕易找到六四鎮壓的資料，看似自由，「但是教科書裡馬列主義的那一套，還是影響了我們看世界的方法。」

在台灣，L有支持台獨的朋友，有時也會感受到逢中必反的敵意，「大部分台灣人都蠻友善。」談到敏感的政治問題時，L還是比較保留，終究，他還是要回到箝制言論的中國。

第四天　小學生糾察隊　三月二十一日（星期五）

晚上到現場已圍起繩子，完全需依循糾察隊的指示路線行走，「這裡只出不進」「請不要在此逗留，快速通過」「請找地方坐下，不要走動」，糾察人員像一卷錄好的卡帶，不斷複述播放。原本寬敞的馬路切成三條，時而單行道，時而此路不通，動線有如迷宮，窒礙難行。清晨五點，馬路上已沒什麼人，糾察隊仍舉牌「只出不進」，要我繞道走旁邊的小路，沒有任何彈性。問糾察隊為什麼，只會說，「我不曉得，都上面交代的。」要反叛，要顛覆，卻渾然不覺自身也用權力來規範他人。守秩序，有禮貌。有一刻，我真覺得回到有導護老師和風紀股長的小學時代。

在這一場越來越乾淨的學運中，F和他的玩 band 染金髮穿耳洞的朋友們，顯得格格不入。革命不是請客吃飯，他們渴望衝撞，所以才在禮拜天佔領行政院。如果在議場內的台清交政成大學生是菁英，那麼F便是魯蛇。他今年三十四歲，大學畢業後去當編輯，本來一個月薪水近三萬元，後來想更上層樓，去讀研究所，「拿到碩士，反而什麼工作都找不到了，寄履歷連面試機會都沒有。」F沒有存款，負債中，無法拿錢回家，和母親決裂。他端盤子，搬磚塊，當油漆工，現在靠幫人算塔羅牌維生。他反服貿，因為現在頂著碩士學歷，只找得到服務業工作，服貿通過與否攸關甚鉅。F不曉得未來在哪裡，「我媽責怪我不努力，但她不曉得，在我這一代，即使再怎麼努力也不會成功。」

第三天　複數的人

三月二十日（星期四）

氣溫驟降，夜裡尤其冷，從中南部上來聲援的學生們，陸續到達。凌晨四點，立法院的周圍滿滿都是人。

濟南路以公民團體為主，常有許多音樂表演與演講。中山南路是長期固守於此的台獨大本營，認為學運必須去政治化的學生，較少在此逗留。青島東路則以學生為主，學生可登記輪番上台講話，到了夜半仍不時有學生搶著發言，有人當所有人面前打電話給父母，說明反服貿的決心像是政治出櫃。年輕學生對公共議題的熱烈程度，超乎想像。

M，二十一歲，嘉義人，現在就讀政治系二年級，在第一天就衝進立法院，擔任幹部工作，嬌小的身影四處穿梭協調。父母自己開公司，所以她特別注意服貿一旦簽訂，對中小企業的影響。M的政治啟蒙在一年前的反媒體壟斷，原本對文學有興趣的她，插大考上政治系。

她很喜歡漢娜・鄂蘭《人的境況》裡說的：「人能聚集起來，就是複數。一旦行動起來，就會帶領自己到想像不到的地方。」

第二天　遍地開花

三月十九日（星期三）

昨晚的佔領讓媒體爭相報導，也登上各大國際媒體版面，人潮不斷湧入週邊，已達上萬人。還沒有糾察隊和封鎖線，秩序形成前，大家就地落坐，圍成一小圈一小圈，開讀書會，討論核四，心理諮商，多元成家，或者就是純粹聊天，遍地開花。

有一群人撿了樹枝升火，烤魷魚、番薯。有人居然帶了爵士鼓來，當場遇到同好，一把吉他，一支伸縮喇叭，就是即興的露天音樂會。還有電音反服貿專區，搖滾總是與革命相繫，多元，活力，異質性高。近天亮時，還有許多從夜店撤退的辣妹，還化著大濃妝，也來體驗一種叛逆的氛圍。

也有律師、醫生。W二十五歲，高雄人，剛從醫學院畢業，現在是住院醫生。W覺得社會運動有南北差距，「都集中在台北，高雄沒什麼場子。我是在台東美麗灣事件後，才開始關注社會，因為高雄離台東比較近，有切身的在地性。」W雖然聽說服貿開放後，會增加醫生在兩岸的就業機會，但他仍然很擔心服貿裡頭的中國統戰因素，「自由民主是我們與生俱來擁有的東西，我不能想像有一天會失去它。」

第一天　漫長的夜

三月十八日（星期二）

書、電腦、手機電池……什麼都沒帶就衝出門趕往立法院，完全沒想到會是一場持久戰。一開始，大家都有到此一遊的觀光客心態，拍照，打卡，上傳臉書，此時此刻我身在這裡，標誌一種反骨的炫耀。沒多久陸續送來物資，先是堆在主席台後方，滿滿的，餅乾泡麵八寶粥都有，像是拜拜的供桌。

拍照打卡後，開始做正經的防禦工事，把原本立委專用、舒服的扶手椅，全部推到八個大門邊，窗簾的繩子也拿來利用，將這些椅子堆疊，層層綑綁在一起。從那些椅子山的空隙中，仍可以瞥見警察的身影，原本想，不太牢固，很容易攻破吧。第一波攻堅在三點多，警察聲東擊西，八個門不好守，居然都守下來，提振士氣。第二波攻堅在五點多，一半的人累得東倒西歪，睡成一片，一聽到有狀況，所有人像蚱蜢一樣跳起來，各就各戰略位置，彷彿有用不完的腎上腺素。

到了清晨，警察把空調關掉，廁所封住，在膀胱漲滿，現場近四十度的高溫中，即使沒有攻堅，待在裡面也令人難受。沒有人預期這一夜會這麼長，更無法預期在這之後，是一個禮拜、半個月，還是看不到盡頭。我不時聽見有學生接到父母的電話，隱約可聽到電話那一頭猛烈的責罵聲。

在這一天，一切還新鮮、無害。還沒形成後來的階級、嫌隙、傳說中鷹派與鴿派的分裂。每次攻堅時，識與不識的人們汗流浹背，仍緊緊地勾手，將自己身體的界線徹底交出去。只要一旦銘刻了這種抗爭的身體感，就再也不能忘。

在我旁邊的陌生人R，快三十歲，在書店工作，學生氣質猶重，晚上十一點時一直看手錶，天人交戰，不知趕不趕得上最後一班車回家。父母是退休公務員，非常反對他參加社會運動。R讀碩士班時參加野草莓運動，被母親知道後激烈爭吵，一度要斷絕親子關係。他參加社會運動有許多顧忌，不能被拍照，也不能衝第一線，怕被捕傳票寄回家。他對同伴有許多愧疚，有時不能到場，有時要趕最後一班車回家。今晚，他被困在這裡，暫時回不了家，要找個好理由搪塞過去。

第零天　胚胎

三月十七日（星期一）

國民黨立委張慶忠將《海峽兩岸服務貿易協議》送院會審查，未經逐條審查、表決，在混亂中宣布散會。晚上在中山南路，來了一些抗議的教授與公民團體，還有一些零星的學生，人數不過三十多人，看起來勢單力薄，成不了氣候。我無意間目睹運動出生前的胚胎時刻，未破殼的雛雞，剛成形的心臟開始微弱地跳動，只是在這一刻，還沒有任何人聽見。

三一八學運之後　這裡沒有神

二〇一五年十二月

「這場春天裡的動地歌吟，恍若發生在龍宮的虛幻夢景，太陽花青年，出關之後，有如浦島太郎掀開寶盒，瞬間白髮，大家都老去了。」

我們和魏揚約在清大附近，他跟我提起母親作家楊翠的這段話，他說，「三一八之後，像浦島太郎打開寶盒，突然被迫成長，你會發覺和昔日夥伴已經走上不同的路，你不曉得來得這麼快，也這麼尖銳。」

昔日夥伴是一起在清大辦異議性社團的陳為廷，還有去年七月因反服貿一起創立黑色島國青年陣線（以下簡稱黑島青）的林飛帆。三一八之後，帆、廷兩人和黃國昌另組「島國前進」，魏揚仍固守黑島青，他說，「三一八之後，運動圈面臨資源的爭奪，資源幾乎全都集中在島國前進，遠勝於學生團體（如黑島青）。他們辦全省巡迴，一個晚上的花費，可能是一個NGO一年的經費。」

路徑早已岔開來，三一八晚上，魏揚擔任晚會主持人，九點一到，他也跟著大家衝進去，「看了一下歷史現場，外面也需要有人hold場，所以就出來幫忙，比較喜歡待在外面，有種真實感。裡面決策的聯席會議，有保留一個席次給我，但我沒去，不覺得是一份子。」

三一八期間立法院場內、場外的隔絕，場內是聖殿，不是人人進得去，使得決策機制更為隱蔽，集中在少數幾人身上。魏揚說他進立法院的次數，只有兩次，少得令人吃驚。

「他們不應該關在裡面，訊息不能流通，應該出來到廣場。」

三二三佔領行政院那天，他正好搭車要從新竹回台北，「到了現場發現糾察怎麼那麼少，就拿起麥克風，不是有意識要主導。後來聽說要鎮壓，立法院的人要我把人帶離行政院，我想又不是在打《世紀帝國》（網路遊戲），你們怎麼不自己來把人帶走。」

議場內的明星呢？半年後走在永康街，林飛帆已不需戴口罩，他說拍照、簽名的還是有，不過比半年前少很多。「在裡面每一天都很煎熬，前三天總共只睡兩小時，第三天我快垮了，身體變得很輕。那時傳出白狼要帶人去圍我台南的家人，我也接到恐嚇簡訊，心理負擔很大。」他還戴著學運期間的圓眼鏡，問起爆紅的軍綠外套，不是耍帥，是身體有恙，「我在最後幾天膀胱炎，痛到快爆炸，身體很虛，才需要一直穿著外套保暖。」

學運期間，林飛帆被封「帆神」，半年過去，他談起這一切，顯得迷惘，「我沒有辦法滿足大家對我的期望，我還是我，沒有三頭六臂。」接下來他只想先完成台大政治所的碩士論文，「寫論文對我是休息和解脫。之後想出國讀書，一直想找機會可以抽離自己，抽離整個運動和台灣的氛圍。」

在另一個公開場合，我見到眾人環繞的帆神，場面有如媽祖出巡。林飛帆在高雄中山大學演講，出動了島國前進八個志工，有志工穿著島國前進的T恤，戴名牌，掛臂章，彷彿需要三重認證。演講開始沒多久，攝影記者就被刁難，「我們沒有發採訪通知，你們有先經過人家同意嗎？」電話從北部辦事處轉接南部辦事處，咄咄逼人，護主心切。

不可質疑你的神，然而成為神，處於光圈內，難免也被蒙蔽。事後問林飛帆，他頻頻抱歉，說完全不知道有這種事。「有些志工在他原本的生活蠻邊緣，覺得透過這個團體可以找到認同感，不會覺得自己那麼沒用。」

成神要付出代價。林飛帆特別問我們：狗仔都怎麼偷拍，需要注意什麼。訪談間他不小心說了「幹」字，隨即問這個會寫出來嗎？閒聊時他提到，將來當兵如果選擇替代役，會不會被別人說話？神不會受傷，但人會遍體鱗傷。此後每一步，都如臨深淵，如履薄冰。

林飛帆說，有許多人叫他出來選舉，「要給我害（台語），」他不準備馬上投入政治場域。然而在三一八他帶頭衝進去的那一刻，歷史改變了，立法院曾經被抗議、被圍攻，「佔領」整整二十四天，卻是破天荒頭一遭，史稱「太陽花學運」，擋下原本要通過的服貿。運動過去大半年，後勁十足，年底的縣市長選舉，藍綠大翻盤。中研院研究員吳介民說，「國民黨慘敗，太陽花政治效應清晰浮現，網路世代的『青年政治』正引領風潮。」

來到宜蘭冬山，二十四歲的薛呈懿剛以無黨選上議員，投入選戰的還不只有她，同樣受太陽花感召，二十三歲的妹妹也一起投入村長選舉，但沒選上。薛呈懿大學畢業兩年，在環境相關的NGO工作，三一八當晚，她參加晚會，也衝進立院，此後她連續二十四天白天上班，晚上到立法院當志工，睡帳篷。

三一八之前，薛呈懿長期關心土地議題，直到她注意到宜蘭外澳的開發案，「我整天在台北抗議吶喊，但如果真正想做什麼事，應該要回到宜蘭家鄉。過去曾有參政念頭，但覺得自己還年輕，可以等。三一八之後才給自己勇氣，這是最好的時機，民眾渴望改變，沒有背景的年輕人才有機會回去改變家鄉。」

除了是新科議員，薛呈懿也在今年考上台大城鄉所，九月開學，她不準備休學，而是將所學與宜蘭的地方區域規畫做結合。「不會完全反對開發，但會重視土地與人的關係，以前聽過一個故事，小孩知道家裡要被徵收，打電話回家給媽媽，說喜歡的衣服和書本要幫我收起來，讓我感觸很深。」在選後她特別去了一趟香港金鐘，親炙雨傘運動現場，「想到好多三月在立法院的感受，看香港人爭真普選，一方面為他們的決心感動，另一方面也覺得台灣有公平的選舉，真的很可貴。」

三月太陽花學運，半年後九月在香港發生同樣以年輕人為主體的雨傘運動。港台學運領袖曾在今年一月初在台交流。佔中發起人戴耀廷之前受訪說，「從去年三月就開始籌備佔中，今年三月發生太陽花學運，的確給我們造成很大壓力。很多年輕人說台灣都佔領立法院了，香港到底何時才要佔領？」

太陽花之後，無論是當選，或是助選的年齡，都下修紀錄，二十四歲的薛呈懿是全國最年輕的議員，剛滿二十歲的陳宣諭是柯文哲競選團隊的青年部主任，今年才是首投族。十二月初，剛打完選戰，我和陳宣諭約在迪化街，她個子嬌小，笑起來露出梨窩。她原本讀台藝大廣電系，三一八當天她是實習生，跟著記者跑新聞。「那是我實習第一天，結果就衝進議場。」

三一八期間，陳宣諭加入議場內的媒體組，也幫忙場外活動主持。三二三當天，她在行政院被鎮壓得最厲害的北平東路當糾察，「我被推到盾牌外，聽到裡面的人在尖叫哭泣，還有警察的答數聲，第一次覺得國家暴力很可怕。」

當晚陳宣諭到醫院看被打傷的人，「我自己沒有受傷，覺得很羞恥。」她打了兩通電話，一通給媽媽，一通給老師，決定要休學。「一開始很情緒化，只想全心全意投入運動。四月退場後，突然覺得焦慮，像是面對一片大海要自己游泳，五月剛好柯P海選，覺得很有趣，也想去體制內學東西。」

她從三一八帶進選戰裡的是「責任」，她說，「柯P的志工很多是三十幾歲的上班族，願意信賴我這個小女生。三二三那天我是糾察隊，叫民眾坐下來，對被打傷的人要負責任，從那天我就決定，要對得起信任你的民眾。」打完選戰，陳宣諭要搬回高雄，準備明年七月的台大政治系轉學考，「實戰後才發覺自己學識不足，想回去好好念書，會更清楚學習的意義，不會再蹺課。」

有人投入選戰，也有人走上街頭，目前還在台大社會系就讀的郭冠均，出關後馬上加入國道收費員的抗爭，陪著收費員一起絕食、上國道抗爭。三一八之前，他曾參與士林王家抗爭，投入過深，有了運動傷害，「廢了一陣子，完全不想靠近社運現場。」

三一八當天，他抱著看熱鬧的心態，和朋友翻牆進去，後來一直待在立院二樓，相對一樓的議場，較不封閉，二樓的人負責守樓梯、顧機房，以及一些庶務工作，郭冠均也把大家找來開討論會，探討運動發展，或者批判學運明星的英雄主義。

退場前二樓的夥伴曾一起討論，出關後共同生活的可能，「運動者一起生活，不管是經濟、人際關係，都能相扶持，這個很重要。」七月時郭冠均和二樓的夥伴在台北合租房子，分擔下來一人只付三千多。他也將室友帶入收費員抗爭，退場前二樓共有五十人，半年過去，現在一起並肩作戰的還有十幾個人。「共同生活的信任感，有助於運動默契，在國道收費員抗爭中，大家當『衝組』配合得很好。」

十二月十號，陳為廷二十四歲生日的前一天，他宣布參加苗栗縣立委補選，我們和他一起從新竹搭車北上。在後座的陳為廷不停講手機，「ㄟ，你有沒有空，來幫忙一下啦。」離選舉不到兩個月，他講話的口吻，皮皮的，像是大學生找人來幫忙弄報告一樣。

剛剛採訪的空檔，他頻抽菸，焦慮地滑手機找自己參選的新聞，「阿基師上摩鐵和女粉絲嘴對嘴，我幹嘛知道阿基師怎麼樣啦。」儘管參選消息被八卦淹沒，他的聲勢仍然一片看好，民調超過劉政鴻，民進黨有意參選的吳宜臻也禮讓他。

選舉班底由島國前進和捍衛苗栗青年聯盟的同伴一起組成，循島國前進模式，北中南巡迴辦活動，招募志工。「轉苗栗」的文宣出來了，搭配上陳為廷的招牌陽光笑容、知名度，加上超級助選員黃國昌、林飛帆，一切無懈可擊。

許多政治評論家，說陳為廷有政治方面的敏銳嗅覺，是個天才。參與苗栗立委補選，陳為廷的判斷如下：「第一是一一二九選完那個局，全台灣的人都意識到，為何桃園、新竹都翻盤了，苗栗還是這樣。第二是民進黨二〇一六可能會拿到總統大選，需要有第三黨去監督。第三馬英九一定還會再推服貿，選上立委才能監督。」

像是下一盤棋，每一步都精準計算好了，當時我不知道的是還有一步極為大膽，不知能否置之死地而後生的險棋。兩個禮拜後，登記參選前，陳為廷自己投下震撼彈，自爆在大三時曾在客運性騷擾女乘客，也曾在夜店和女生有不當的肢體接觸，但仍不放棄參選。隔天，遠溯至高中時期的未爆彈一顆顆炸裂，在捷運上因性騷擾被扣下的建中學生證，正式宣告他的政治死刑。

他當初因為讀了楊照《迷路的詩》，立志考上建中，如今老學長楊照針對陳為廷性騷擾風波這麼說，「在台灣，不管為了什麼，政治權力都不值得賠上個人寧靜與隱私的代價去追求，我很希望他能了解。」

回故鄉參政，讓大家看見苗栗，這是陳為廷的初衷。在捷運上偷摸女生胸部的高中生，同時想把台北藝文資源帶回苗栗，高三時，別人都在準備大學指考，陳為廷回苗栗辦「後生讀書會」，自己印講義，帶著家鄉的學弟妹讀課外經典，討論在地議題。在客運上伸出狼爪的大學生，同時也陪著華隆罷工的阿姨們，一路從苗栗步行到台北請願，把一雙布鞋走破。也號召學生回苗栗組成巡守隊，守著要被資方五鬼搬運變賣的華隆機器。

聖與魔看似兩極，卻互相餵養，互為依伴。聚光燈越是朝向他打得劇烈，那些暗藏的汙點，就嚙噬得越深。兩個禮拜前，我對他說，「兩年前採訪你之後，你已經翻過幾個浪頭了呀？」他搔搔頭笑著說，「真的很可怕，什麼時候我會被淹沒呀？」

言猶在耳，這一波大海嘯來得又高又猛，船沉之後，在惡水中載浮載沉的少年Pi，帶著他的心魔，那隻孟加拉虎，該如何劫後餘生？

附錄

採訪心法

按：二〇一五年六月，永和獨立書店「小小書房」的虹風，在臉書上貼文，提到許多來書店參觀、訪問的學生事先沒做功課，也缺乏約訪應有的禮貌，造成書店很大的困擾，已讓人忍無可忍。這篇文章被轉貼了九百多次，我也因此寫了一篇〈採訪心法〉，希望能傳遞實用的採訪寫作技巧，分「蛔蟲」、「夾藏」、「年表」、「無聲」、「敵人」五項，二〇一六年底，加上採訪中實際遇到的例子，增補成更完整的文章。

1、蛔蟲：不要問初階的蠢問題，也不要問普遍能套在每一個人身上的泛泛之論，這代表你一點功課都沒做，例如：你為何寫作？你為何想創業？為何想開獨立書店？創業的心路歷程？創業的甘苦談？先做功課，才能問出進階的問題，問到對方心坎裡，問到對方覺得你就是他肚裡的蛔蟲，問到對方欲罷不能，請你到家裡，像朋友一樣無話不談。

二〇一四年金馬獎採訪中國導演婁燁，那年他以電影《推拿》獲得多項提名，最後也獲得最佳影片等大獎。

初見婁燁，他穿得一身黑，黑襯衫，黑色工作褲，褲腿側邊有兩個大口袋（可想見他在片廠這樣穿的便利性），黑皮鞋，裸著腳踝，沒穿襪子。後來我才知道，婁燁的衣櫥裡都是一式一樣的黑衣，側訪演員時，他們都說隔幾年沒見，婁燁還是穿一模一樣的衣服。婁燁像某種典型的創作者，心思全給了藝術，不必再分神出去，每天出門想著要穿什麼。日後我採訪趙德胤，他也有這個特質，衣服也總是那幾件，他坦承沒什麼朋友，不想浪費時間在社交裡無意義的談話中。

婁燁是我採訪生涯中數一數二難採訪的人，約訪排在頒獎典禮當天早上，這一天各種媒體的採訪塞得密實緊湊，我排在第二順位，事先言明只給我一小時。以《壹週刊》深度人物專訪的要求，一小時絕對不夠，但那次採訪卻讓我覺得無比漫長。每問一個問題，婁燁的回答只有單字的「是」、「對」，他的頭就低下去，只顧把玩著他手裡的水瓶，他的頭再沒抬起，像張愛玲初見胡蘭成，要一路低到塵埃裡。後來我才明瞭，是架在他面前的那台

DV惹的禍，當時《壹週刊》已經有做動新聞的需求，採訪時需全程錄影，導演總是藏在攝影機後頭，不習慣變成鏡頭前的主角。

我很慌張，我真的怕不到三十分鐘，就因為問不下去而結束採訪。直到我問他一個問題，他的代表作《頤和園》裡有一幕是楚浮電影《四百擊》片尾，少年跑向海邊的經典畫面，想請他談談，法國新浪潮電影對他的影響。

聽到這個，婁燁的頭瞬間抬了起來，眼睛發亮，饒富意味地看我一眼，說，「你居然注意到這個！」

「你居然注意到這個！」叮咚一聲，我知道最困難的時刻已經過去，接下來的訪問順利多了。那個畫面其實非常短暫，一閃而逝，多年前我第一次看以天安門六四學運為背景的《頤和園》，並沒有看到這個鏡頭。那次採訪婁燁前，我把他的電影全部找出來重看一遍。只能說天道酬勤，這個可能連一秒都不到的畫面，先決條件一，或許要看兩三遍後不被劇情牽著走，才能發覺這個微小的細節；條件二，要能看得懂他的「用典」，知道是楚浮的電影。如果功課要做得更全面，我應該把《四百擊》也拿出來重看一遍。直直問到他心坎裡的一個問題，拯救了原本快要滅頂的採訪。

2、夾藏：採訪之前先給訪綱，我通常會列十個問題（不多也不少），列訪綱就是一種功力，什麼問題在先，什麼問題在後，輕重緩急需有層次。好的訪綱讓受訪者覺得你做了功課，先建立好印象。訪綱主要的用意是寫給受訪者看，在露出的冰山之下，還有隱藏版的祕密問題，是不得不問，但直接列在訪綱裡會讓對方產生戒心，需暖場之後才圖窮匕見，夾藏在其他問題裡不經意問出來。列好訪綱，也無須受限於訪綱，訪綱只是一個骨幹，千萬別笨笨的照唸。採訪偶爾會來到起飛的時刻，行雲流水，行於所當行，止於所不可不止，就把訪綱完全丟掉吧。

採訪一開始，還在暖場，建議不要馬上問最重要的問題，非問不可的我會放在中後段，問了之後對方可能會翻桌走人的，要放在最後，再尖銳的問題都要能問得出口，不回答也是一種回答，觀察對方當下的情緒，肢體動作，像拍紀錄片一樣，攝入眼底。

一開始我習慣先投其所好，先聊點輕鬆的，最好從受訪者的興趣先暖場。二〇一一年底採訪葉德嫻，那年她先以《桃姐》獲得威尼斯影后，金馬獎早已是囊中之物。演藝人員通常難訪，葉德嫻在香港，也早練就對付狗仔八卦的金鐘罩。我和她聊星星，我從資料裡看到，她是天文迷，會跑遍世界去看流星雨或日全蝕等天文奇景，地上的一顆明星，追逐天上的星星，光是這樣的勾連，就涵義無窮。她聊起遠赴澳洲追星，果然就像攤開柔軟肚腹的刺蛸，有種小女孩的單純。

有沒有訪綱全然無用，要徹底棄守的時刻？的確發生過，那次採訪，一開始很沮喪，結束時很美好，成為難得可貴的「起飛的時刻」。

那是在二〇一五年底採訪鍾永豐談五輕關廠議題，原本設定的方向是當年參與五輕關廠的抗爭學生，約了鍾永豐開始採訪時，才發覺他當年只是關心，人並沒有到現場。怎麼辦？與原先的設定完全不同，還要不要訪呢？事前功課沒做足，我的頭皮發麻，冷汗直流，像是第一次作弊，就被捉個正著。永豐是個相當博學的人，於是我繞了遠路，先岔出去，談閱讀。

我們天南地北聊了：娥蘇拉・勒瑰恩的詩與小說、集中營倖存東歐詩人、巴勒斯坦詩人Mahmoud Darwish、赫塔穆勒《呼吸鞦韆》、阿斯圖里亞斯《玉米人》、宇文所安《追憶》、《迷樓》、鍾嶸《詩品》、杜甫、陶淵明、樂府詩……

他的書勾連出我的書，一本一本織成神奇的魔毯，起飛了。再降落時，才發現沒有飄遠，循著他的閱讀軌跡，正一一回應最重要的核心，激盪出意想不到的精彩。

這個經驗告訴我，如果迷了路，不要慌張。每個受訪者都是一本大書，打開他，一定有可觀之處。一個人閱讀的軌跡，往往可以卻顧所來徑。如果可以選擇，我最想去受訪者的書房，看他們有什麼書，所有的蛛絲馬跡都在書架上，藏也藏不住。

3、年表：人物訪問我通常會做一份個人年表（出生、畢業、結婚等），佐以歷史年表，例如二二八、美麗島、解嚴、文革、六四……他當時幾歲（也兼及他的父、母親，祖父、母幾歲），他肯談當然好，如果沒有，為什麼這段歷史記憶在他的生命史留白。

我非常喜歡為每個人物做年表，有時候我還幫人物的哥哥做年表（例如第二次採訪趙德胤），通常不用電腦打字，而是直接手寫在筆記本裡。會用各種色筆塗得花花綠綠，像是回到中學的歷史課，一種學徒的心態。

我常用的是無印良品的筆記本，以及每次去香港都會買的學生作業本（價格十分便宜，後有九因歌，也就是台灣的九九乘法表）。一個人物通常一到兩本筆記本，很多資料當然可以用影印，但我偏愛用手抄錄的感覺，年表皆一一繫黏在筆記本裡。採訪前對我最重要的不是訪綱，而是年表，只需大略掃過一遍年表，就好像吃了一顆定心丸。

舉個例子，二〇一一年底採訪韓國導演李滄東，他生於一九五四年，歷史年表中的事件有：一九五〇年韓戰爆發，一九五三年南北韓分裂，恰恰在他出生的前一年。接著朴正熙發動五一六軍事政變，全斗煥軍事政變、光州事件、曾被迫害的金泳三當選總統，開始轉型正義、金大中金正日的南北韓首度破冰會談，也旁及亞洲金融風暴，這些都是「大歷史」。年表做好後，第二階段就是穿插進李滄東個人的「小歷史」，大歷史事件發生時，他幾歲？他的重要作品發表於哪一年，有沒有受到大歷史的震盪與影響？

年表像船錨，在茫茫大海中迅速定位，不致迷航。我會特別留意一個人的青年時代，那個時期將觸角開始伸往世界，容易帶著理想主義，如果他持續下來了，為什麼？如果他改變了，又為了什麼？事先做功課，如果知道年輕時代影響他的書籍和電影，在時間許可下，我會盡可能都找來看。二〇一二年第一次採訪陳為廷時，我讀完他從國中開始累積的上百篇網誌，再順藤摸瓜，知道要理解這個人，不能繞過楊照《迷路的詩》、楊德昌的《一一》（這部在台灣從來沒上映，不太好找的電影，他看了至少六遍）。存放文章的奇摩小站後來沒有了，陳為廷自己都沒存檔，反而是我當時複製貼上存下來一些，後來我們成為朋友，我把這些消失於網路黑洞的記憶寄回給他，無意間幫他保存了「史料」。

4、無聲：於無聲處聽驚雷，有些時候，重點不是受訪者回答了什麼，而是他的肢體動作、舉手投足、服飾衣著、說話語速的輕重快慢，甚至是呼吸喘氣的頻率，都很有戲。

靜態的文字報導，我時常喜歡借用攝影理論，讓自己的眼睛成為鏡頭，帶回來的不只是報導，而是一種身歷其境的現場感。

法國哲學家羅蘭・巴特在《明室》中提到照片裡「刺點」（punctum），他說，「它從景象中，彷彿箭一般飛來，射中了我。」刺點不能事先安排，更多的是天外飛來的機遇。刺點一點也不講究和諧，它給的是撞擊，或者就如字面上說的，它會刺痛你。

挪用進報導中，我對刺點的理解是畫面中的不協調、矛盾與衝突。遭遇一個人，來到一個陌生的場域，通常我印象最深刻的，是破壞和諧、格格不入的一個小細節，擾動後形成張力。

採訪環保律師詹順貴，在正式約訪之前，我先去法院看他開庭。他穿著襯衫西裝褲打著領帶，外罩素黑律師袍，看起來跟別的律師沒有什麼不同。刺點是他的綠色登山背包，其他律師都拿我們常看到的那種黑色漆皮公事包，方方正正，有稜有角。詹順貴卻在他正經八百的著裝之外，突兀地背著登山包，擾動法律的規矩模範，讓他頓時有了一種江湖草莽氣質。一來他的雙手都可以勻出來，顯得瀟灑，不必被笨重的公事包拖累，你會錯覺他手中有一把無形的劍，天地有正氣，雜然賦流形。二來綠色是黑白分明的法院中不太會出現的顏色，八〇年代以攝影機記錄社會運動的「綠色小組」，是這麼定義他們的綠色：生態的、草根的、進步的、和平的。

在法庭觀察和事務所約訪後，我又跟著詹順貴及一些年輕律師上阿里山，是難得的出遊，也是觀察生態的野外實習課，之前他們還去過台東杉原海灘看美麗灣飯店的違建，也走過屏東的阿朗壹古道。跟著詹順貴爬山，還是同樣一個登山包，在山林的背景中，這個背包很自然而然地融入環境。那麼，還有什麼可看？

第一場法庭，鏡頭拉遠，觀全局。第二場山林，鏡頭拉近，觀細節。

我看到背包的接縫處已綻裂，長出鬚鬚，可見其惜物，破舊了都還用著。這個小細節，成了文章中很重要的破口，儉省不只是習慣，而是其生存狀態，勾連回當了二十幾年律師，仍買不起房子的窘態。如果一味頌揚這位律師如何有佛心，幫弱勢打官司不收錢，讀者只會轉身離去。從一個登山背包的實體細微描寫，再以廣角觀看全局，就能避免過度堆疊形容詞的浮誇。

二〇一三年第一次採訪達賴喇嘛時，對於這個接受過成千上萬次採訪的國際名人，一開始也苦無破口。到了現場，媒體專訪排在大眾接見之後，儘管已有心理準備，當達賴喇嘛出現的那一刻，全場的人都瘋魔起來，哭泣、跪拜，激動得不能自已。只有我呆若木雞，我的「正常」在這個場合反而顯得不正常。

打從開始，我就決定要把他當成一般人來觀察。在庭園的大眾接見結束後，我們來到辦公室開始採訪，我注意到從戶外進到戶內，達賴喇嘛的眼鏡會自動變色，從太陽眼鏡的茶褐色，變成一般眼鏡的透明色。

除了眼鏡，還有鞋子。初次見到一個人，我最喜歡觀察他穿什麼鞋子，鞋子是一個人身上最容易被忽略，但卻是最接地氣的配件，鞋子有種忍辱負重的性格。

魯明軍所編的《論手足：一個關於藝術與觸知的文本》中有這麼一段，「因為目光和腳的距離比較大（一個是處在身體的最高位，一個處在身體的最低位），腳不在目光的平視範圍內，人們很少無意地看到腳——無論是他人的腳，還是自己的腳。……腳要獲得它的可見性，一定要製造出事件，它需要引起目光的注視——它要人們低頭。」

達賴喇嘛腳上的那雙鞋，是一雙多功能的氣墊皮鞋，和他會變色的眼鏡一樣，不那麼傳統，很現代。這兩樣非典型的配件，成了這個轉世菩薩身上的刺點。我開口問的第一個問題，是科學，與宗教曾經誓不兩立的科學，是達賴喇嘛的興趣所在。科學與宗教，傳統與現代的衝突與揉合，成了整篇報導的脊椎。

離開現場，觀察並不是就此結束了，儘管只是事後整理錄音檔，都最好不要請別人代勞。首要當然是整理出逐字稿，而魔鬼往往藏在細節裡，藏在一個顫音，一次結巴，或一串暢快的笑聲中。

二〇一二年採訪中國藝術家徐冰，問到他關於六四，他答得嚅囁。整理出錄音檔後，我刻意把他結巴不通順的語句，完整保留下來。重點並非在他到底說了什麼，而是一個善於操使語言的知識分子，因為心慌意亂所呈現出的反常結巴狀態。

整理達賴喇嘛的錄音檔時，我很享受他各種不同的笑聲，有放聲大笑、壓抑的竊笑、以及頑皮的賊笑。整理逐字稿的過程，通常很枯燥，何妨將其想像成一首有高低起伏的樂曲，記錄下它的節奏變化。在現代傳播中，我們總太依賴影像，但其實，聲音所形成的環繞音場，現場感更勝影像一籌。

5、敵人：這是一個千面女郎的時刻，戴上面具，變身成他／她。站在受訪者的角度想事情，讀他讀過的書，聽他喜歡的歌，看他提過的電影，甚至，要了解他的敵人。

要讓人物立體有層次感，當然不能只聽他說，大量的側訪，就是在光中尋影。以前在《壹週刊》人物組，要求記者一個人物必須要有五個以上的側訪，採訪他的家人朋友同事等等。我在《壹週刊》受到一個很好的訓練，即使是側訪，儘管只是襯托紅花的綠葉，都會以面對面訪問為優先，電訪其次。見面三分情，為了一個側訪，我曾專程搭高鐵去台中，如果只透過電話，對方會想要很快將你打發，見了面，記者有說有笑表情十足，就是一個活生生可託付「祕密」的人。

側訪回來的內容，不一定都能用。我曾經有很挫折的側訪經驗，那是二〇一一年在《壹週刊》的第一個採訪，對象是張娟芬。張娟芬很不好訪，除了理念，她完全不肯透露家庭背景、成長細節，而空有理念的人物稿，乾澀無比。她給了我一些側訪名單，都是她身邊親近的友人，友人們彷彿都了解張娟芬低調重隱私的脾性，也都點到為止。第一次側訪的內容，完全不能用。第二次側訪，將她的人際關係往外擴一圈，找的不是最親近的摯友，只是蘇建和案曾合作的法律界一般友人，才終於問到可用的細節。

側訪的最高等級，是找到他的敵人。敵人不一定是字面意義上的敵人，而是處於亦敵亦友的灰色地帶，或者就是所謂的瑜亮情結。

二〇一五年採訪紅面棋王周俊勳，他已經過了生涯的顛峰時期，難以找到切入點。無所謂，先在外圍繞繞，補充背景知識。採訪周俊勳，不能不了解中日韓職業圍棋的歷史與現況，不能不清楚和他同歲的白面小生張栩，兩相對照之下，有如光和影，《棋靈王》裡的近藤光和塔矢亮。也不能不知道同個世代中，世界棋壇中最具宰制力的韓國棋士：石佛李昌鎬。

採訪周俊勳，我卻找了李昌鎬的傳記來讀，純粹好奇，很可能用不上，但我喜歡為每一個受訪者，開一個延伸閱讀書單。一方面做功課，另一方面，每個人背後就是一個微型世界，採訪，是探險也是探索。

採訪周俊勳的過程中，我隨口提起李昌鎬，他露出欣喜的表情，原來李昌鎬是他的偶像，一如費德勒（Roger Federer）是女子網壇小威廉斯的偶像。對於職業棋士而言，周俊勳來到了見山是山、見山不是山、見山又是山的境界，輸贏對他而言，不再只是純粹的得失心，輸給李昌鎬，和輸給他一輩子追著背影的張栩，是全然不同的滋味。兩位都是他的敵人，不同時期、不同意義的敵人，有了敵人，便有了立體與景深。寫人物就像繪畫中最基礎的鉛筆素描，首先，要學會畫石膏像的陰影。

代跋一　無盡的細節

一個失憶男子，不知道自己從哪裡來，也不知道該往何處去。有天，他走進一間咖啡廳，才發覺自己具有一種奇怪的稟賦，才踏進門沒幾分鐘，他的腦海裡充滿了大量訊息，包括停在門外十幾輛汽車的車牌、餐廳裡客人的數量與性別，以及分別坐在幾點鐘方向，走過來幫他倒水，又翩然離去的服務生是個左撇子……。無盡的、對大多數人並無任何意義的細節，一一被鍵入男子的腦海中，分類、歸納、建檔。男子就像波赫士（Jorge Luis Borges）筆下過目不忘、博聞強記的傅赦斯，能記得住三百六十五天，每一天夕陽西下時天空裡的雲的形狀。

這是麥特・戴蒙主演的《神鬼認證》的劇情，他飾演一位失憶情報探員，針尖般的敏銳注入細胞、寫進基因，感官先於意識，來到一個陌生的環境，代他完成所有「認知」工序。

我將這個電影情節命名為「全面啟動」的時刻，如同埋伏在草叢裡的花豹，全心全意地緊盯著在河畔喝水的一隻落單羚羊，那麼遠，也這麼近，末端毫毛的纖維顫動，遠處的花豹，彷佛也可以感受到吹拂過羚羊耳稍的那陣微風。

近，再靠近，聽到羚羊細瘦的脖子上，動脈卜卜跳動的鳴響。

大，再放大，羚羊身上的所有細節，在花豹眼前，宛如李安每秒一百二十格的3D拍攝規格，根根分明。花豹的後腳蹬著，成蓄勢待發之貌。

每次進入採訪狀態前，我就是那隻花豹，全面啟動，進入一種野獸時刻。

這是一個原本過度內向且羞澀的人，當了記者，卻無能於問候寒暄，無能於犀利提問，那是「失格」記者的唯一法寶，將全身上下的每一顆毛細孔都張開，如果還不夠，恨不得將自己的內裡都往外翻，像海參一樣，裸露著去感受，與聆聽。

如果可以，我寧願躲在暗處，不去驚擾我的獵物。

二〇一五年採訪紅面棋王周俊勳，在正式約訪前，我先去看他比賽。比賽前，周俊勳提早三十分鐘到達，一走進來時，他拿著手機正在玩電動，看似輕鬆地跟旁人討論遊戲，等一下馬上就要進行殊死戰，空氣中沒有任何煙硝味。

一陣笑鬧後，比賽前大約十分鐘，周俊勳終於回到座位，不像其他棋士紛紛找到自己最舒服的坐姿，坐得東倒西歪，周俊勳只坐三分之一的椅面，脊骨挺直，他的桌面也自成一種直角的秩序，左邊水杯，右邊紙扇，可以想見，等一下執棋的右手如利劍，也以直角揮出。棋盤即宇宙，棋子降生於對的星位，就會發光。比賽前他將自己的週邊物事，也規矩落點一如星圖，姿勢坐正，讓體內小宇宙的任督二脈中軸線，一一對齊。

眼觀鼻鼻觀心，我看到他閉上眼睛，開始冥想。由動到靜的轉換不過三十秒，這是頂尖棋士的收放自如。

如果一開始就上前去遞名片，打招呼，自報家門，急於現身，或許就會打亂了這氣氛。如果覺得重要的是比賽，在開始之前，只是等待，而不觀察，那麼也會漏失這一切。

細節，往往也在結束之後才開始。

二〇一三年夏天，當時的苗栗縣長劉政鴻強拆張藥房等四戶大埔民宅，將政大地政系教授徐世榮逼上梁山，他只不過在路邊對總統車隊喊口號，就被警察粗暴拖走。當時採訪徐世榮，在新聞的熱頭上，電話接通當天，我就直奔他在政大的研究室，採訪不到一小時，沒問幾個問題，徐老師接到一通電話，邀請他晚上去上電視節目，於是，採訪戛然而止。我當然知道，徐老師並非覺得電子媒體比平面媒體重要，他只是想接受所有可能的採訪，上盡各種節目，盡量地把土地徵收的不公義說出去。

突然中斷的採訪，讓我心裡非常慌亂，因為《壹週刊》的高要求，我心知肚明，才剛剛開始慢熱的採訪，根本過不了關，怎麼辦呢？臨走前我忽然瞄到研究室內有張沙發，上頭擺滿了襪子做的玩偶，我便隨口問起，那是學生送的禮物嗎？如果徐世榮回答「是」，那麼就無甚驚奇之處。他給了我一個否定的回答，他說這是某次去演講，在會場外有個單親媽媽擺攤在賣，便跟她買了很多。這個回答像根浮木，在激流沖刷中，我緊緊抱住這個可貴的細節。

我還不死心，跟著徐世榮下樓，一路陪他走到停車場開車，短短的一段路程，或許還能問一個問題吧。下樓，電梯門一開，我們遇到一個清潔婦，徐世榮親切地跟她打招呼，用的是台語，我沒聽他說過台語，那一瞬間，總是戰神一樣的徐世榮整個柔軟下來。清潔媽媽連同剛才的擺攤媽媽，是這些尋常市井小民的救援，讓我的報導徹底得救。

細節，存在於沒有開始、也沒有結束的環狀時間內，所以無盡。

代跋二　倒數計時，兼憶楊汝椿

※寫於二〇一五年八月三十一日，非營利網路媒體《報導者》九一記者節現身前夕

離九月一號不到二十四小時，可以來講件正經事了。

一切塵埃落定後，我總是很喜歡把一張一張推倒的骨牌扶正，逆推回最初的時刻，蝌蚪還沒長出腳，乳貓尚未開眼，破殼的小黃雞還只是一枚胚胎。

胚胎時刻，三個月前的一個下午，新聞界的前輩何榮幸說想跟我聊聊。

聊聊，就隨便聊聊，好呀。那個時刻的我，是在新聞戰場上深陷泥坑壕溝的傷兵，一人當三人用，原有的新聞品質不能偏廢，還要發即時新聞，以及跨界去做動新聞。那種疲累真的難以形容，像隻天竺鼠，上了滾輪就下不來，沒有盡頭，成了封閉的圓就只能是「無限」，只能在那迴圈裡認分地、賣命地跑動。

全身零件將近報廢，不能再這麼狂催油門，但在新聞圈，我身不由己。

我什麼也不期待，在咖啡店，我對面來什麼人都好，聽聽就算。我甚至不想繼續當記

者了，再撐一下，再多存一點錢，我就要去寫小說，或者什麼都不幹，讀一整年的閒書，看一整年的電影都好，疲累至此，我值得的。

才四年，我就想棄械投降。

何榮幸一坐下來，點好飲料，他一開口，就沒有停下來過，滔滔不絕地跟我講他的理念，他未來想做什麼有別以往的新聞。一個小時過去了，一個半，兩個小時，我一直盯著他面前的那杯果汁，起了水霧，又逐漸退冰，杯面結了水滴，像在流汗。何榮幸滴汗不流，也不曾停下來喝口水，他一直將那杯果汁晾著，口乾舌燥，說了又說。

那是一個，二十五年新聞資歷，眼神仍在閃閃發光的前輩。

至今我仍然可以從腦海的硬碟中叫出那天的場景，何榮幸的襯衫袖子鬆鬆捲起，他的手上有原子筆劃過的油墨痕跡，那不是一雙白皙修長，管理階層富富泰泰的手。那雙手讓我相信，他隨時會捉著一枝筆，一本簿子，即使上身是正式的襯衫，下身永遠是容易活動的牛仔褲，起心動念就去衝鋒陷陣的那種「老派」記者。

何榮幸手上原子筆的油墨痕跡，成為羅蘭巴特的攝影文集《明室》裡說的刺點Punctum，瞬間攫住我的目光。筆在記者手上成了堅實難以摧折的劍，我願意相信這個人，我願意把記者的路走下去。隔天，我提了辭呈。

當然，人不能忘本，前東家《壹週刊》的淬鍊，讓我在那裡學到對新聞的認真以待，也擁有其他媒體所無的豐厚資源。唯一可惜的是，我的優秀前同事楊汝椿過世得太早，我來不及跟他學習，我只能從攝影記者口中得知，他總搶著付帳，沒有資深大牌記者的驕氣，善待每一個人。多年來他關心勞工運動，也關注記者本身的勞動條件。

一九九四年九月一號記者節，楊汝椿和何榮幸一起參加「九〇一為新聞自主而走」，以「落實內部新聞自由、推動編輯部公約、催生新聞專業組織」為三大訴求，遊行後共同催生「台灣新聞記者協會」（簡稱「記協」）。何榮幸是記協第一屆會長，楊汝椿是副會長。十八年後，也就是三年前的九月一號，他們再度為「反媒體壟斷」於街頭聚首。

我和汝椿的交接其實不多，只因為同是《壹週刊》工會的理監事，又常同在辦公室熬夜趕稿。有時候我感覺，自己是不是濫情得可以，汝椿過世後，我在三一八佔領立法院，在香港雨傘運動的旺角街頭，令記者腎上腺素爆發的高強度抗爭現場，我常忍不住想跟他說，「好可惜！汝椿，好希望你也能在這裡身歷其境。」

汝椿，明天又是九月一號了，這一次，我會和你的好夥伴，好兄弟榮幸，還有許多優秀的新聞工作者，並肩同行。請你放心，這條路，我會繼續幫你走下去。

新人間叢書 260

像我這樣的一個記者：房慧真的人物採訪與記者私語

作者　房慧真
主編　陳怡慈
特約編輯　鍾岳明
美術設計　劉克韋　大梨設計事務所
董事長　趙政岷
出版者　時報文化出版企業股份有限公司
108019台北市和平西路三段二四〇號四樓
發行專線　(02) 2306-6842
讀者服務專線　0800-231-705，(02) 2304-7103
讀者服務傳真　(02) 2304-6858
郵撥　1934-4724 時報文化出版公司
信箱　10899 臺北華江橋郵局第 99 信箱
時報悅讀網　www.readingtimes.com.tw
電子郵件信箱　ctliving@readingtimes.com.tw
人文科學線臉書　http://www.facebook.com/jinbunkagaku
法律顧問　理律法律事務所　陳長文律師、李念祖律師
印　刷　勁達印刷有限公司
初版一刷　二〇一七年一月二十日
初版十六刷　二〇二三年二月十四日
定　價　新台幣四〇〇元

＊本書人物採訪文章，皆出自《壹週刊》專欄「非常人語」，除〈趙德胤 逃出來與出不去的人〉、〈達賴喇嘛 二〇一六〉兩篇出自《報導者》，〈侯孝賢 其人其事〉一篇出自北京《信睿》。

時報文化出版公司成立於一九七五年，並於一九九九年股票上櫃公開發行，於二〇〇八年脫離中時集團非屬旺中，以「尊重智慧與創意的文化事業」為信念。

像我這樣的一個記者 ／ 房慧真　著 ／ 初版 ／ 臺北市：時報文化,
2017.01　面；　公分. ／（新人間：260）／ ISBN 978-957-13-6862-7
（平裝）／ 1.人物志　2.訪談　3.世界傳記 ／ 781　　105023532

ISBN 978-957-13-6862-7
Printed in Taiwan